［増補改訂版］

経営者の矜持《きょうじ》

— 人格・品格・器 —

保田健治［著］

創成社

はじめに

マネジメントに必要な資質とは

ビジネスのグローバルな拡大、テクノロジー（ＡＩ、ＩｏＴ）の進展、組織のフラット化、部門を超えたプロジェクトの展開などにより肩書、地位、権限に依らずに組織の成員を、さらにビジネスパートナーをどのように動かし、事業の価値を高めるのかが問われる時代です。

また、今回の新型コロナにより、私たちは、〝**ディスタンス**〟という新たな価値観への転換が求められており、人と人とのコミュニケーションのあり方を見直していく必要に迫られています。

リモート（テレ）ワークは、チームで働き、目標を達成するための重要な手段となり、アフターコロナの時代となっても今まで以上に拡大していくことは間違いがないでしょう。

リモートワークにおいては、**効果的な「コミュニケーション」**を図るために、これまでとは異なる様式を見出す必要があります。リモートワークを活用した柔軟な働き方を考えると共に、これを契機に、コミュニケーションのあり方を見直し、その**「頻度と質」**をどのように工夫するのかが求められているのです。なぜならば、これまでのようなスキンシップや呑みにケーション、ひざ詰めの説得などといった昔ながらの方法が取れなくなるからです。

コミュニケーションに求められるのは単なるスキルではなく、相手の話に共感する「人間力」です。誤魔化しの利かない、その本質が問われる時代なのです。

マネジメント（経営）とは、役職の肩書、地位に頼るだけではなく、その人の有する「人間力」により組織・人に影響を与え、「人」を通じて事を成すことです。

本書のタイトルである**「矜持《きょうじ》」とは**、マネジメントとしての役割を自覚し、自らが抱く自尊心、誇り、自負、あるいはプライドを持ち続けることです。すなわち、「矜持」を持って仕事に勤しみ、社会、顧客に役立つことは何かを考え、「事業の使命」を実現することが肝要です。

小野薬品工業の企業理念では、医薬品事業に携わる人間として、仕事に対して誇りを持って行動する。すなわち、行動原則に「矜持を胸に行動する」ことを掲げられています。

組織は、異なる個性、価値観の「人」から成り立っています。そのため組織のリーダーには、「人間的な魅力」、すなわち人柄の良さがなければ、周りの人はついてきません。厳しく難しい局面であればあるほど、大局的に組織を動かす大きな原動力となるのがその人の有する「人間力」なのです。

組織として、関係する人々をどのように巻き込み、自律的な行動を促し、目標を達成できるかが問われます。また、事業の使命を実現するために「ノーブル」(高貴)に生きることとは、自らの意識を高めるだけではなく、社会、顧客に役に立つことは何かを考えることであるはずです。

そのため、日頃から周囲と信頼関係をつくる努力を行い、相手のためになることを考え、行動することが肝要で、それにより組織・人を動かすことができるようになります。自分のためではなく、顧客起点、また会社の持続的な成長発展のためという動機付けにより、主体的に動くことがマネジメントには要求されるのです。

そうした人間力のあるマネジメントの下であれば、誰もが「仲間として認められたい」と思い、「意義のある素晴らしい仕事に自分も関わることができる」と判断し、ともに共通の目標に向かって行動する集団が形成されるはずです。

そうした「人間力」の基本的な構成要素を私は、「人格」「品格」「器」の三つだと考えています。どれも難しい目標に思えます。それを三つ揃えるのは不可能と思う人もいるかもしれません。もちろん、簡単なことだとは言いません。しかし、この三つの要素は、ある意味、相互に関係しています。それぞれがそれぞれの条件でもあるのです。だから、それぞれ一から研鑽するという類のものではありません。さりとて、ただ漠然と「人格者になる」と決めてもそうなれるわけではありません。だからこそ本書では、そのガイドラインを示したいと思っています。

いずれにしても、これらを得ようと主体的に日々研鑽を積むことにより、個性ある真に信頼される人間を目指すことができるはずです。

そのためには、自らの問いを持ち続け、より上を目指す生き方をすることにより、自らの人間的価値を深堀し、人格を高め、人間的魅力を創ることを目標にしてください。その結果として、人間力を高めることができ、社会・人の役に立つ人間として充実した人生を送ることができるはずです。

私は、ここ十年間JMA「新任役員セミナー」で「組織を動かす人間力リーダーシップ」を担当し、約800名のマネジメント（役員）の方々に「人間力」の重要性を伝えてきました。また、討議・意見交換を通じ、日本企業の「知」ともいえるマネジメントの方々から多くの博識と経営の示唆をいただいてもいます。そうしたマネジメントの方々は、専門的な技術能力を有しておられるだけでなく、会社からマネジメント能力を高く評価されて抜擢され昇進されています。

論理的に物事を考えたり、自らの専門的な領域の見識は素晴らしいという人は、大企業には少なからずいます。しかしその反面、組織を束ね、戦略的に組織を動かすことや、俯瞰的、大局的に物事を考え、人間力を発揮することができる「人格」と「経営能力」の両方を有している人は、残念ながら少ないというのが実感です。

政治家や経営者の不祥事の際の言動を見ても、頭脳が明晰で素晴らしい人は、ややもすれば、自らの経歴や自らの専門的能力を過信してしまい、周囲の人に対する「共感性」や「感受性」が希薄となるということがわかります。

相手起点で物事を考えずに、自らの感情をコントロールすることが出来ないために、人間関係をうまくつくることができない。そんなことにならないように、平時の時から、マネジメントとして、人間力を高めるために、一体自分に何が足りないのかを振り返り、検証することにより、人としてもマネジメントとしても成長することができるのではないでしょうか。

マネジメントの本質とは「何か」を、今一度じっくり考えてほしいと思い、自らの経験を踏まえて筆を取りました。

また、「人間力」を有する人物像を具体的にイメージすることができるように、経営の現場でご活躍されている5名の経営者の方々に、あなたが最も影響を受けた人物は、どのような「人間力」を有していたか、人望のある人は周囲に対しどのように配慮をしているか、また、あなたが大事にされている「信念」、こだわり、生き方について示唆に富むお言葉をいただきました。経営者の条件、「リーダーの資質」としての志、見識、人望を考え、学ぶ上で多くのヒントがあるはずです。

ビジネスは、最終的には、「人」であり、人柄の善し悪しで事業の成果に大きく影響を与えます。

事実、成功する経営者の方々は、「人間通」である人が多い。また、事業は「人づくり」であると認識されており、人財を大事にするという共通点がある。事業に対する「信念」に基づき、自らを厳しく律する。部下の話をよく聞き、良い行動を褒め、部下の性格、仕事に対する考えを把握し、やる気を高め、能力を最大限に発揮させるよう努力をしています。

「人格」「品格」「器」を成長させるための第一ステップとして、**人として自立する**ことが必要です。そのためには、豊かな心を育み、**内面的成長**を遂げるよう、自らを切磋琢磨して鍛えることが必要なのです。「人格」の深さ、「品格」の高さ、「器」の大きさの三つの要素を培うことを日々心掛ける必要があります。

第二ステップとしては、自立からさらに一歩進み、**相互影響を発揮する**ために他者との信頼関係に基づく行動の結果としての、利他、信頼、人望を獲得する必要があります。

さらに第三ステップとして、**「人徳」のある人間になる**ために、どのように「徳」を日々実践するかを具体化させます。

なお、本書では、哲学的命題とする「人間学」ではなく、ビジネスの実践的経営を通じて得たマネジメントとしての**「矜持」および「人間力」**の必要性を説いていきます。マネジメントとして、どのように人間力を高めるのかを体系的に考え、一人ひとりの生き方、個性を発揮できるようにする。そして、マネジメントとして人間力を高め、責務を果たすためのきっかけを創り、実践的な事業活動の展開に向けてのヒントを提供するのが本書の狙いです。

末筆でありますが、本書執筆の原点となった多くのご助言とご指導を頂いた神戸大学大学院名誉教授の加護野忠男先生、人生の師であり心友である水谷賢一氏には、常日頃、大所高所からご助言をいただき、心から感謝いたします。

ご多忙の中、「人間力に関する問い」に快く応諾してくださった西日本旅客鉄道株式会社取締役会長 真鍋精志氏、三井住友海上火災保険株式会社 取締役専務執行役員 福田真人氏、株式会社高島屋 常勤監査役 鋤納健治氏、不二製油グループ本社株式会社 常勤監査役 澁谷信氏には、あらためて長年の友情に心から感謝申し上げます。

出版に際し、ご協力を頂いた友人の関西大学教授 橋本行史氏、原稿の構想からまとめのご助言をいただいた株式会社エフ 赤城稔氏、株式会社創成社 西田徹氏には、大変お世話になりました。多忙の中、原稿の校正のお手伝いをいただいた株式会社GMC 川楠美子氏をはじめ、人間力を考える上でご協力頂いた多くの関係者の方々に、この場を借りて謝辞を申し上げたいと思う。

令和二年（2020年）九月

保田健治

目次

第1章

なぜ「人間力」は求められるのか

1　あの人が言うならやってみよう

優れた組織や共同体においては、能力が優れた専門家、ベテランというだけでは足りず、合わせて「人格」の優れた人がリーダーに選抜される。周りもまた、そうしたハイパー人材をリーダーとして認める。

リーダーシップの定義はさまざまであり、その条件は確かに複数あるが、組織は生身の人間で構成されており、突き詰めていけば、人格をベースとする「人間力」に行き着くというのが私の考えだ。

不確実な状況下においては、誰もが納得する唯一無二の正解などというものは存在しない。さまざまな考え方や選択肢がある中で、自分たちのリーダーが下した決断に従い、本気でコミットできるかは、結局のところ、「あの人が言うならやってみよう」「この人の下した決断だから」と思えるからである。そのリーダーと一緒に仕事をしたいと感じられるかどうかにかかっている。

「あなたの言うことはロジックでは正しいかもしれない。だけど、それに従うのは嫌だ」

となるか、「正しいかどうかわからないが、この人の下した決断だから信頼できる」と思ってもらえるかどうかだ。

その差こそが「人間力」だ。人間としての魅力が転じて、リーダーとしての魅力となり、さらにそこから信頼感が醸成される。だからこそ、マネジメントは、周囲から常に「人間力」を有する人物かどうか試され、評価されているのだと思う必要がある。

いずれにせよ、良い仕事を成すために最終的にマネジメントに求められるのは、経験でも専門性でも肩書でも実績でもなく、「人間力」だ。

また、「人間力」を高めることは、**自らの「生き方」をつくる**ことでもあり、それは努力して積み重ねることで、人格を陶冶（とうや＝育て上げる）することである。もちろん、それには強い信念が必要だ。自分を振り返り、検証し、修正しながら学び続けるマインドを持つことが肝要となる。

「人間力」を高め、成長することができれば、上司の役割として、一緒に働いている人が成長し、組織から認められ、評価されることにもなるわけだが、それだけではなく、人脈が縦横に広がり、深くなり、自分自身の人生を豊かで幸せにするはずだ。二重の幸せを得ることができるというわけである。

考えてもみてほしい。マネジメントとして組織内の役職は、人間の優劣を表すものではなく、単に会社の中での役割の違いに過ぎない。それだけで人間が偉いわけではない。その証拠に、退職などで会社から離れれば、一人の人間だ。そうでなくとも、一歩、会社の外に出れば、皆同じ人間であり、「人間力」そのものが、人としての価値の大きさを計る尺度になる。

2 「人」を通じて事を成すが、マネジメントの基本

マネジメントとして成功するためには、率先して身を粉にして働き、人としてさらに、誰よりも成長することが重要だ。そうした姿勢を通じて、周囲の尊敬や信頼を得られる。それを財産として、マネジメントの本質である「人」を通じて事を成すことを実現する。あくまでも自分一人で成果を出すのではなく、部下が、主体的に何をすべきか考え、行動することにより、組織の成果を出すことを目指すからだ。

では、この「マネジメントの本質である「人」を通じて事を成す」(Getting things done with others)とは何かを具体的に掘り下げてみよう。

マネジメントの最も重要な仕事は、部下の有する「強み」を引き出し、組織を効果的に機能させ、協働行動により「成果」をだすことである。「事業は人なり」だから、事業にふさわしい人材を確保（育成またはスカウト）してこそ、事業を成長・発展させることができる。

ところが、往々にして昇進前の職位で優秀と評価された人ほど、従来のやり方にしがみつき、仕事の権限を部下に委譲し任すのではなく、自分でやってしまいたいと考える意識の「壁」が存在するものだ。その壁をいかに乗り越えるかが最初の課題かもしれない。

さらに多くの壁が行く手を阻むだろう。たとえば、組織を構成する働く人々が、従来のように同質性の高い組織ではもはやなく、属性、働く条件の違いによる多様な雇用形態の人々によって組織が構成され、多様性が増していることも「人」を通じて事を成すことを難しくしている。しかし、それは壁でありリスクでもあると同時にチャンスでもあるととらえるべきだろう。

何となれば、多様な価値観、文化、経験を持った社員の意見を活かすことは事業成功の大切な要諦の一つだからだ。そのためにも外国人の部下・上司、年上の部下、女性の上司、正規社員、非正規雇用など、組織、あるいはチームのメンバーの多様性を認め、その違いを生かすダイバーシティ＆インクルージョンを実現することが、今までの「常識」を超え、新たな働き方の変革、発想につなげることができるはずだ。

さて、「人」を通じて事を成すためのマネジメントの役割と行動を整理すると、下記の通りになる。

第一に、マネジメントは、組織の「ビジョン」、事業の方向性を示し、組織を構成する人々の**仕事がビジョンとつながっている**と感じさせる必要がある。

第二に、短期的な課題だけではなく、**中長期の事業の課題**も考え、取り組むことが重要だ。

第三に、役割責任分担を明確にし、組織として**協働行動**により「相乗効果」を出すこと。

第四に、部下が成果を出せるように、働きやすい職場環境を整え、モチベーションを高めることにより、成果＝**顧客への貢献の結果**を出す。

第五に、部下の成長のためにも、積極的に**権限を委譲**し、新しい仕事を任せ、部下の能力、強みを引き出し、部下自身が何をすべきか考え、主体的に判断行動できるようにする。

加えてマネジメントは、**部下の話をよく聞き**、日ごろから相談しやすい雰囲気を作る。上司として、判断・意思決定の軸足がぶれないようにすることも大切だ。そして、部下の手本となり、彼らが将来目指すべき姿を具現化する。そのようなマネジメント行動が、事業の使命に基づき、顧客に価値を提供し、事業を持続的に成長させることにつながる。

3　優良企業の経営者が考える人間力

第2章において、いよいよ「人間力」とは何なのか、その中身について解き明かしていきたいが、その前に、私が尊敬する5人の経営者に質問をした。

西日本旅客鉄道株式会社　取締役会長　真鍋精志氏
三井住友海上火災保険株式会社　取締役専務執行役員　福田真人氏
株式会社高島屋　常勤監査役　鋤納健治氏
不二製油グループ本社株式会社　常勤監査役　澁谷信氏
株式会社GMC最高顧問（元第一製薬（現第一三共）代表取締役専務）水谷賢一氏

の5人だ。彼らに、

「あなたが最も影響を受けた人物は、どのような人間力を有していたか」「人望のある人というものは、周囲の人間に対して、どのような配慮をしているものか」、そして、彼らは私が「人間力」ありと思う人たちであるから**「あなたが大事にされている信念、こだわり、生き方、軸足とは何か」**という3つの問いを発した。彼らは明快に答えてくれた。まずは、その解を紹介しよう。

●最も影響を受けた人が有していた「人間力」

西日本旅客鉄道の真鍋精志　取締役会長は、最も影響を受けた人物を以下のように描写した。

「唯一人、自分を貫き、周りの情勢をうかがうことなく、会社の『あるべき方向』を示した一人の先輩に影響を受けた。権力にもおもねらず、平気で異論を唱えられ、また、行き過ぎた経費の使用には、個人に支払いを求められた」

その経験をベースに、真鍋氏は「人間力」を次のように定義した。

正論を言えるだけの「知識」、「経験」と深い「教養」を養うことで、社内の常識を超え、**世間の常識を知る見識**を有している。また、権力、権威に媚びない胆力があり、私心ではなく、企業人として何を重んじるか**判断の「軸足」がぶれない**「芯」の強さを持っている。

「人間力は本来、胆力、精神力に優れた人物の特質と思われますが、『恒産《こうさん》』による精神的余裕も、大胆な決断にはかなり重要な要素ではないかと思っています。経営者に、本当の意味での大胆な決断ができる人が少ないのは、決断の裏付けとなる『余裕』、特に『恒産なくして、恒心なし』の問題があるのではないかと感じるわけです。また、人間力と人柄の違いは簡単に定義できるものではありませんが、苦しい状況に際して判断を求められるときに、**その人の背中が手本となり、安心感を醸成する「大きさ」**を見せてくれる、そんな姿こそが人間力の体現ではないでしょうか」

代わって三井住友海上火災保険の福田真人　取締役専務執行役員は、最も影響を受けた人物について、「私が新任課長のときに仕えた上司（支店長）の方です。その上司はとにかく厳しく、かつ怖い存在でした。新任課長である私に、きめ細かなご指導があり、私がまだ目覚める前から自宅の電話が鳴り、仕事の指示が飛んでくるほどでした。4年間、私は誠実、真剣に（本気で）課題に取り組みました」

福田氏は、後になって当時を振り返り、なぜ、その上司に嫌悪感を覚えることなく仕えることが出来たのかを考えたそうだ。その結果、

「その上司の方には、**相手の成長を考える〝利他の心〟**があったからだと気がつきました。**それは『深い愛情』**です。新任で頼りのない課長を一人前の管理職に育てようという動機

がそこにはあったわけです」

リーダーシップ論で例えるのであれば、〝サーバントリーダー〟のマインドを持った人物であったということになる。

「上司、部下の関係を離れてもう20年以上も経過しますが、常に私のことを気にかけていただき、今でも年に1、2回はその大先輩と杯を交わすことが出来ています。そして、その度に生き方の助言を言葉や文章にして贈ってくださいます。私にとっては、かけがえのない〝人生の師〟であると共に、最も尊敬する人物です」

株式会社高島屋の鋤納健治　常勤監査役の場合はどうであろうか。

鋤納氏は、**「一言で言えばMBWAを実践する人」**だと簡潔に述べる。

MBWAとは、Management by Walking Around「歩き回る経営」などと訳される。社長室にでんと構えているのではなく、常に現場に赴き、組織の成員と語り合い、探る。なぜならば、経営課題の原因は常に現場で出現する、そして解決のヒントも現場にある、ものだからだ。現場との対話は、時に組織の序列を崩すこともあるが、スタッフを既定の枠にはまった業務から解放し、結果として仕事のできる組織の創造に繋がると信じ、行動する。

「たとえ、周囲のスタッフからは少し迷惑がられてはいても、人として信頼・尊敬され、根強く支持される人物です」と言う。

株式会社GMC最高顧問（元第一製薬（現第一三共）代表取締役専務）、水谷賢一氏はさらに明確だ。

「**『実るほど頭を垂れる稲穂かな』**の諺通りの人」だと言う。

自らを常に進歩、成長させる向上心と高い志を抱き続け、何事に対しても謙虚な姿勢を貫き、相手を敬い、相手に感じさせない心配りをさりげなく行うことのできる心の温かい人。「そういう人は周囲の人からも信頼されやすいですし、社内外の情報も入りやすく、もって的確な判断、意思決定につながると思っています」

最後が、不二製油グループ本社株式会社の澁谷信　常勤監査役だ。

「**権威や権力におもねず『人の道』に従う**、人として生きてゆく上で守るべきことを大事にする人でしょうか。そのため、自分の意見を否定する考えや人物を心から受容することができる。そうした人柄が滲み出る知識・趣味や「教養」を兼ね備えているが、決してそれを人にひけらかすことはしない。また、学び続けることにより、人から信頼・尊敬される、そんな人でしょうか」

●人間力のある人が行う周囲に対する配慮

この問いに関して、真鍋精志氏は、「逆説的になりますが、**周囲への『配慮のいらぬ存在』**を目指すことも、信頼・尊敬される人物の『人間力』の一部であると感じます。たとえばオーナー経営者は、最初から経営者であり、自らの会社を立ちいかせねばならないので、当事者意識こそが重要であり、周りへの配慮は二の次と言ってもいいのではないでしょうか。**『組織の危機や方向を選択すべき時に、覚悟を持って舵を切る決断ができるか』**です。つまりは、周りに気を使わなくても済む状況を作り出している人こそ、本物のリーダーではないかと思います」と言う。

福田真人氏は、それは意識した配慮ではないと言う。

「人望のある人は、どこか人間としての**心の温かみ**を持っています。また、自らの生き方や**人生に対する信念**を持ち、常に自らを切磋琢磨して高められています。人間力のある人は、そうした特性が言葉で語らずとも人柄として自然と伝わってくるものです。だからこそ、人間としてどこか畏敬の念を抱かせる存在でもあるのだと思います」というわけだ。

あるいは鋤納健治氏は、人間力がある人は、相手の役立つことを考え、行動し、もてなす心である**「ホスピタリティ・マインド」**を大切にしていると語る。それを「奉仕」の精神と読み解く。

「たとえば四国八十八か所巡りのお遍路さんへのお接待は、いつでも『**奉仕**』**の心**で優しく、温かく、『福』を分け与え、施しをする、そんな地元の人々の心情の精神の表れです。つまり、『奉仕』の心とは、真心と痛みの双方を汲みとって、**人をケアする行動に表すことができる感性といえます**。それこそが真のホスピタリティ・マインドだと思います。足元の踏み石をしっかりと捉えながら、常に山の頂を示すことを忘れることなく、先頭を進むようなリーダーだからこそ、周囲を巻き込み、安心して目標に向かって行動することができます。優れたマネジャーは多くいますが、『**心強い**』**リーダーシップ**を兼ね備えることこそが肝と考えます」と言い切る。

水谷賢一氏は、人間力のある人は「相手を理解するために本音を知りたい」「自分が役に立つことで何ができるのかを知りたい」と思うものなので、**相手の立場に立って「話を聞く」**「対話」の姿勢を重視すると言う。

「人間力のある人は、常に人の『話をよく聞き』、相手の身になって最後まで話を聞いた後で、質問を投げかけ、気になる点を少し考え直してくれないかと助言する。また、方針に迷っていたり、考えが浅いと思えば、必ず的を射た質問をし、最善の方法に向けて相手が明解な答が得られるように仕向けるものです。人は、話を受け止めて、よく聞いてくれ、自分のことを分かってくれる人物と関係をつくりたいと思うものです。**相手の話を心で受け止め、心で語る**ところに、人としての本物の魅力を感じます」というわけだ。

最後に澁谷信氏も、「往々にして、相手のことを尊重し、聞くことよりも、自分にばかり意識を集中させ、考えを主張する人が多いものですが、相手を敬い、その心情を慮る。また、どんな状況であれ、本人がいないところでは、相手の言動を無闇に批判しない。それが人間力ではないでしょうか」と語る。

「人間として、上下関係（年齢の上下、職場での上下関係）を気にせず、相手に敬意を持って人として対等に接する。全面的に間違っていないのであれば、相手の考えの肯定できる部分を認め、ここをもう少し考え直すと良くなると助言し、部下のやる気を高める。『人間力』のある人は、他人が困っているときや困難にあるときにこそ、**謙虚に**相手の立場に立って共に考え、周りの人からも信頼・尊敬される人だと思います」というわけだ。

●大事にしている信念やこだわり

最後に、実はこれが一番聞きたかったのだが、当座のごまかしや、嘘、言い訳は、結論が必要な交渉には通用しない。どんなに接待をして、ご機嫌をとっても、**相手の権限と実力以上の結果は引き出せない**。したがって、曖昧なその場凌ぎの説明はしない（**嘘は言わない**）、喧嘩になっても厳しい事実を淡々と伝え、そのうえで双方ベストの結論を繰り返し説得することが、結局、人と人が信頼し、人間関係をつくることになると信じています。

真鍋精志氏

私たちは、この世に生かされていると思います。だからこそ、漫然と生きるのではなく、明日死んでも良いように悔いのない充実した人生を送るために努力を積み重ね、今、この瞬間を大切にして生きることが大切だと思います。

人生に対する「問い」を持って、現状に満足せずに素直な心で、向上心を持って、今を生懸命に努力し生きることです。

私は、**「正直」「誠実」に生きる**ということを、「信念」としてきました。これからの人生においても、その点を大切にしたいものです。

福田真人氏

フランスの哲学者、アランの言葉である「悲観主義は気分によるもの、楽観主義は意志によるもの」が信条です。**幸福とはすべて、自らの意志と自己克服**とによるもの、と考えて、いつもポジティブシンキングで、新しい課題に挑戦しています。
アランはまた、「何もしない人間は、なんだって好きになれない。好きでやっている仕事は楽しみであり、もっと正確に言えば、幸福である」とも述べています。自らの仕事を好きになり、喜びを見出すからこそ、一生懸命に努力し、成果につながるものと考えています。意志と共に行動を起こすことが幸福にとって最も大切なことです。

鋤納健治氏

今の自分自身をしっかり見つめて、自分の長所を伸ばせば、必ず道は拓ける。そして、**成功は、小さな努力の積み重ね**であると考えています。
また、相手のことを慮り、**人に言われたり、やらされたりして嫌な感じを受けたことは絶対に相手にしない**ようにすることを自分の信念として持ち続けたい。相手に対し、「礼節」を欠いた言動はいかなる場合でも慎みたいと自らを律するように心掛けています。

水谷賢一氏

自ら経験した痛みを忘れず、人の痛み、気持ちを理解する、そのためにも**相手の考えを**

まず聞き、気持ちを十分に理解することが大切だと思います。

否定的に物事を考えるのではなく、特に仕事の逆戻りはできないので、「Pro」（前へ）の精神で行動することを心掛けています。常に前向き（POSITIVE→PRODUCTIVE→PROACTIVE）に自らの人生を充実して生きることを大切にしています。もちろん、行動を振り返り、検証もしますが、基本はポジティブシンキングです。

澁谷信氏

4　「座右の修養書」

人間力を有する人物像の設問にお答えの経営者の方に、心を養う上で参考になる「座右の修養書」をご推薦いただいた。

西日本旅客鉄道株式会社　取締役会長　真鍋精志

・**「井上成美」　阿川弘之著**：国鉄の民営分割に揺れた頃、次世代を担うべき人財にこの本を勧められた。

海軍大将であった井上成美氏は、何が最も大事なことなのかを**常に論理的に考え、情**

報を重んじ、**中長期の視点で物事を考え判断**した。海軍兵学校の教育の目的は、どの様な状況であっても自らが主体的に判断行動できるように「**教養と自恃**」を持った「人」をつくることとし、戦時中の外国語学習に対する批判の中でも英語を必須不可欠の学問とされた。また、戦争終結に尽力し、戦後の日本国の再建を終戦前に考える大局観が、**新たなJRをつくる使命感**とも連動し、気持ちを喚起した。

・「**落日燃ゆ**」**城山三郎著**：広田弘毅という、敢えて戦犯としての死を選択した老政治家（外交官）がいたことを、吉田茂や他の外交官との対比で描いている。「**自らの為に計らわない」という矜持**を貫いた人物である。

三井住友海上火災保険株式会社　取締役専務執行役員　福田真人

・「**大死一番**」**尾関宗園著**（京都大徳寺大仙院　住職）

人生は一瞬一瞬、一秒一秒の「点」が連続して「線」となるもの。その一点一点、この瞬間を頑張って生きていなければ、人生を精一杯生きたことにはならない。遊びも、学業も、仕事も、家庭でも、いつ何時であっても自分自身の一度限りの人生の「点」に居る。

自分の人生は、今この瞬間、ここにある。今ここで頑張らずにいつ頑張るのかを問うている。

・**「成功への情熱（PASSION）」稲盛和夫著**

人生・仕事においては、常に前向きで一生懸命生きていくプラスの正しい「考え方」を持つ姿勢が最も大切だと稲盛氏の経営哲学から学んだ。

不二製油グループ本社株式会社　常勤監査役　澁谷信

・「座右の銘」としている言葉は、**老子の「道可道 非常道」**、すなわち、老子思想の根底は、「道」なる存在だ。道の道とすべきは常に道に非らずの教えを大切にしている。「こうあるべき」という〝べき論〟になると、それ以外の可能性や価値観を否定してしまう。また、物事の実態、原理を見極めるためには、柔軟性と謙虚な姿勢で「無欲」でないと見えるものが見えなくなってしまう。

・「実るほど頭を垂れる稲穂かな」すなわち、**何事も、柔軟性と謙虚な姿勢で相手を敬い、水のように〝しなやか〟に生きることを大切にする。**

株式会社高島屋　常勤監査役　鋤納健治

・**アランの「幸福論」**との出会いが、自らの行動のポリシー形成に大きく影響を与えた。

アランの説く言葉は、今も心に抱くお守りのようなものだ。

自らが、幸せになることが最大の貢献である。自分の中に幸せを持っていないと人に幸せを与えることができない。究極の言葉は、「**与えられるのを待つのではなく、自ら主体となって行動することが、幸福への道である**」。

株式会社GMC　最高顧問（元第一製薬（現第一三共）代表取締役専務）水谷　賢一

・**「心と感性の経営」村田昭治著**（元慶応大学商学部教授）

この本から**マーケティングの原点**は、**正しい情報と調査**であること、**感受性を持って市場、顧客を見る**視点を教えられた。経営力の差は、経営能力というよりも**「経営姿勢」**から生まれるという言葉に感銘を受けた。

・**「生き方」稲盛和夫著**

人生の目的は心を高め、**人に尽くす**ことである。**利他の心で経営**することを改めて再認識した。

稲盛氏がＪＡＬの再建に取り組まれ、**サービス業の原点に立ち返って、まごころでお客さまに接する**ことの重要性を一からやり直され、企業として再生された熱意が素晴らしい。

株式会社ＧＭＣ　代表取締役　保田健治

・「素直な心になるために」松下幸之助著

素直な心を根底に生きることが、人間として素晴らしい「生き方」をもたらす。素直な心で、**とらわれずに物事をあるがままに見る。**

そのためには、素直な心とは何かを考え、私心にとらわれずに、相手のことも考え、耳を傾ける。広い心を持って、相手の考えを受け容れることの大切さを学ぶことができる。

第2章

「人間力」とは何か

1 「人間力」(Human Wholeness)の定義

「人間力」に関する確立した定義は存在しないが、私が考える「人間力」とは、社会を構成する一員として自分らしくいきいきと力強く生きる上で、有すべき「人」としての総合的な「力」(パワー)である。

この力を磨くためには、自らを振り返り、自分には何が足りないのかに気づくことが大切だ。そのうえで、「人間力」を高めるための「内面的成長」に勤しむことが肝要になる。「人格」の深さ、「品格」の高さ、「器」の大きさの三つの要素を養うために切磋琢磨する。それを生涯続けることになる。

第二に、そのためにも重要なのが利他行動だ。他者との信頼関係に基づく行動の結果である信頼と人望は、内面的な心の成長に加え、「人間力」を磨く上で重要な要素となる。さらに、付け加えるとするならば、自らが「健康」で「幸福」な状態を意識して創ることにより、「人間力」を発揮しやすくなる。

「人間力」とは何かをマネジメントの方々とお話すると、マネジメントを行う上での「人間力」について、左記のような意見をよく聞く。
・相手の「心を揺り動かす」ことのできる情熱、パワーである。なお、人間力の中核となる要素は「人格」である。
・相手から尊敬、信頼される「オーラ」のようなものであり、人として信頼されてこそ初めて得られるものである。「信頼感」を手に入れた者が持つ「力」である。
・対人関係能力などの総合的な力を意味し、知識や能力に加え、人としての「人間的魅力」である。

いずれにしても「人間力」は、業務を遂行するあらゆる局面で求められるものだ。たとえば、従来の事業のやり方を改革する時には、新しい方針に基づく戦略策定・部門間の利害の調整を行う必要があるが、その場合に最も必要なパワーが「人間力」だ。また、部下への困難な業務の指示を行う場合など、それは多様な局面において求められるものだ。そのような意味からも、「人間力」は、人の心を動かしたり、組織に活力を与え、動かすパワーの源泉と言える。

人間力を有する人は、「リーダーシップ」を発揮しやすいのである。

私たちは人間《にんげん》と読みなれているが、古くは「人間《じんかん》」と呼んでいた。「人」という言葉に「間《あいだ》」という言葉を結びつけたのは、人間とは「世の中」「世間」（社会）を意味していたからだ。人に対しては、「人間の人」という呼び方であったそうだ（和辻哲郎著『人間の学びとしての倫理学』より）。

「人間は、単に人の間であるのみならず、自、他、世人であるところの『人と人の間（あいだ）、人と物の間でにんげんがはじめて人間であり得る』」「人と人のふれあい、人と物の関わり合いの関係でつくりあげられる。この間《あいだ》というものが、さまざまな問題を引き起こすのである」（松原泰道『一期一会』より）。

人間を「世間」と「人」との二重の意味に用いることは、人間の本質を最もよく言い表していると思える。すなわち、人間とは、「社会」であるとともに「人」なのである。言い方を変えれば、「人間力」とは、人との巡り合わせを大切にして、他者とどのように関わり合いを持つか、そして、社会・組織の中で必要とされ、自分らしい生き様を実現するための「生きる力」となるものだ。

また人間力とは、自らの不完全さを自覚する。「人」として、自らに足りないことは何かを自覚し、よりよき姿を追い求める生き方を確立する力でもある。「人」として成長するためには、自らを客観的に見る「素直な心」と謙虚さが必要であるということは当然だろう。

2 「人間力」のある人の特徴

・「人生意気に感ず功名誰かまた論ぜん」（唐詩選　魏徴）ことを成し遂げようと生き方に信念を持っている。
・責務に対する高潔な気概である「ノブレス・オブリージュ」を有する。
・精神的支柱であるバックボーン、軸足に基づき、判断、行動する。
・自らの価値観と異なることも受け入れ、清濁併せ呑む。
・社会、人の役に立つことをする。
・「私心」にとらわれず、人として卑しい行動を慎む。
・「素直な心」で謙虚に学び続ける。
・物事を大局的に考える。
・人として「誠実」であり、信頼できる。
・相手に対し、思いやりの心で気配りができる。

3 人格、品格、器という「人間力」の構成要件

「人間力」を高めるためには、人間としての「内面的成長」の三つの要素の現状について振り返り、自らに足りない点は何かに気づき、切磋琢磨し、人間的魅力を高め続ける必要がある。

三つの要素とは、人としての生き方である「人格」の深さ、人としての価値である「品格」の高さ、人物のスケールの大きさである「器」の大きさだ。三つの要素は相互に関連している部分もあるが、それぞれの意義、有する人の特徴、マネジメントとして成長するための視点を次に考えることとする。

マネジメントに求められる「人間力」は、人としての生き方であり、「人格」を高めることが一番重要なポイントとなる。第二に、人としての価値である「品格」の高さを追求することである。第三に、人間そのもののスケールの大きさをつくり、「器」として周囲の人が期待する役割を担うことである。

この人間力を形成する三つの要素は、人として生きていく上での基盤でもあり、心を磨

くことにつながる。

生涯磨き続けると述べたが、いつまでも未来永劫、終わりなき人生が続くという錯覚ではなく、人間として「志」を持って、自らの人生をいきいきと生きるために何をすべきかを自覚することが重要だ。自然体で、今を一所懸命に生きることにより、自らの人格を陶冶し、修得することができる。

私たち一人ひとりには、自分らしさである個性を磨き、役割を自覚し、自らの人生を全うしていく使命と責任がある。すなわち、自らの「使命」の達成に自らの「命」（時間）を使うことができれば、その人の人生は、充実したものになる。

また、人間としての生き方は、豊かな「礼」の精神と周囲の人の知恵を生かすことによって、円滑に実現される。

「礼」の精神とは単なる日常の礼儀作法を意味するだけではなく、人に対する思いやり、あるいは感謝と喜びの心を持つことである。素直な心により、謙虚、寛容の精神で豊かな心を育むことが大切だ。

そのためにも、お互いの存在をあるがままに認め、「受容」することが人としての生き方の大事な点である。

図１　人間力の構成要素

「人間力」

2.「品格」の高さ

・教養の深さ
・立ち居振る舞いの動作
・言葉に美しさがにじみ出る
・こころの豊かさ
・「気品」，「風格」を備えている

《人としての「価値」》

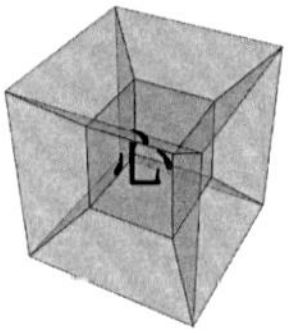

3.「器」の大きさ

・大きな「志」を持っている
・異なる意見，立場を認める「包容力」と「愛」がある
・器量の大きな人から学び，「器」を大きくする
・謙虚な姿勢で他から学ぶ
・相手の立場を慮る，気持ちを理解し，行動する
・考えるスケールが大きい

《人物の「大きさ」》

1.「人格」の深さ

・揺るぎない信念，軸足（哲学）を有する
・本質を見極め，思慮深い
・困難から逃げない（知的忍耐力）
・人から尊敬され，信頼される
・素直な心を養い，高めている
・言行一致した行動をとる

《人としての「生き方」》

人間というものは、人を愛する好ましい姿もあれば、人を憎むという好ましくない感情もあるが、基本的に人間は、一人では生きられない、他の人間とのかかわり、助け合いがあってはじめて社会の中で生きることができる存在だ。

人間力を構成する内面的な側面を概念化すると図1の通りである。

4 「人格」の深さ

どっしりとして重みがあり、落ち着いて動じない、深みのある人物を「深沈厚重《しんちんこうじゅう》」といい、第一等の人物であるとされている（安岡正篤『呻吟語を読む』より）。

深というのは、深山のごとき人間の内容の深さであり、沈は、沈着毅然を意味する。厚重とは、どっしりとしていて物事を治めることを表す。周囲を思いやり、慕われるとともに、自らの生き方の信念を有する優れた人格の持主である。人格（Integrity）を有するリーダーは、組織における〝重石〟のような役割を果たしてくれる存在であり、組織・人に大きな影響を与えるというわけだ。「人格」は、何よりも人として誠実・信頼を基盤にした個性である。より高きものを目指し、人として「志」「問い」を持って学び続ける様を表す。そのため、「人格」を陶冶することは、私たちの人生そのものの目的でもあるのだ。

人生の真の成功は、優れた人格を得ることだ。誠実さと正直な心は、人格の基盤だ。常に誠実な行動を心掛けることが、人格を有する人の特質である。

私たちは、能力のある人よりも人間性において優れ、人格が立派な人物を尊敬する。部下が上司に期待する最大のポイントは、人間的に信頼、尊敬できる人物であるかどうかであるはずだ。

人格を高めることによって、物事の見方、考え方が変わる。困っている人を見れば、相手の気持ちをわかろうとし、自分が手助けできることは何かを考え行動をする。あるいは、人格が成長することにより、ウインーウインの関係づくりを基本とするようになるので、相乗効果が可能となる。相手の立場に立って、その人の気持ちを理解しようと努力するからこそ、「人格」を有する人として認められるとも言える。

「人格」(Integrity) を有する人は「正直・誠実」を生きる上で最も大切にしている。また、判断基準とする原理原則に沿ってぶれずに行動する責任を自覚する。すなわち、自らの精神的支柱である「バックボーン」を自らのコア・バリューとして何を大切にし何処に「軸足」をおくのか人としての生き方を有している。人格を高め、主体性を持った生き方をすることで、自らの行動を律し、周囲の人に対する影響力を与えることになる。

5 「人格」の優れた人の特徴

・自らの生き方により、組織、人に大きな影響力を与える。
・人格が立派な人物として、周囲の人から尊敬される。
・社会、人のために役に立つことを一所懸命に努力する。
・正直、「誠実」であり、人として信頼、尊敬される。
・物事の本質を見極める「洞察力」を有する。
・物事を公正に判断し、行動する。
・強い意志と「覚悟」を有し、判断、行動の「軸足」がぶれない。
・人として成長するために、素直なこころで学び続ける。
・厳しさと優しさの両面を有する。
・良き友と付き合い、良い意味でお互いが刺激を受ける。

6　「品格」の高さ

マネジメントのように組織をリードする存在、役割になればなるほど、周囲の人々はその人となりを見るようになる。その立場にふさわしい、「品格」（Virtue）を身につける必要があるのはそのためでもある。

また、品格は、日常生活の中での何気ないしぐさ、何かの終わり際にどのように行動するかに表われる。

人的ネットワークをつくり、自らを高めるために学び続ける。何事も「謙虚」な姿勢で異なった発想・意見からも学ぶことにより、品格を高めることができる。

以前、知り合いの米国人のトップマネジメントから「知的好奇心（Intellectual Curiosity）は、人生の無限の可能性を広げ、充実させることができるので、大変重要である」と教えていただいたことがある。その通りだと思う。

また、「礼の精神、すなわち、いっさいのものに対して、感謝と喜びの心を持つとともに、その心を素直にあらわしていく」（松下幸之助『人間を考える』より）ことが大切だ。私たちは、素晴らしい日本語である「ありがとう」という言葉によって、感謝の気持ちを1日にどれくらい伝えているだろうか？　忙しさにより、心の余裕がなくなり、相手に対する感謝の気持ちがなくなってしまってはいないだろうか。

品格がある人は、リベラルアーツ（教養）を磨くことに重きを置く。そして、心の豊かさ、気持ちの余裕がその人の内面からにじみ出るものだ。また、周囲への気遣いや気配りにも長けている。

責任ある立場の人には、品格が必要だ。卑しい行動を慎むことが求められるからだ。人として見苦しい、恥ずかしい言動は慎むべきであり、自らの保身を考えた、みっともないことはしてはいけない。

そうした品格は、努力すれば規範として身に付けることができる。ただ、他人に見える外見の品性よりも、自分にしか見えない〝心の品性〟を磨き高めることが重要になる。

さらに品格は、気品がある丁寧な言葉遣い、清潔感のある身だしなみ、マナー・立ち居振る舞いの動作が美しいことも十分条件と言える。

ちなみに私が最も心掛けていることは、その場にふさわしい身だしなみを整えることだ。相手に不快感を与えないように心掛け、信頼を得ることが大切であることから、「清潔感」

が不可欠である。中高年になるとストレスにより活性酸素が体内に増え、加齢臭になることがあるので、変化を感知し、周りに与える印象も考え、体も身なりもさらに清潔にすることを意識し、心掛ける必要がある。気づいていても、気を悪くさせてはと思い、相手は助言してくれない。

また、自分に合った服装を選択し、無理なく着こなすことも重要だ。そのためにも自分に似合ったパーソナルカフーを自分流のお洒落に活かすということも意識してほしい。日頃から、お洒落を意識し、自分に合った服・小物を探していないと、いざ買いたいと思ってもなかなか買えるものではない。だから、そうしたことにも日々の努力が必要だ。

身だしなみの美意識を持ち、お洒落をすると身も心も引き締まり、立ち居振る舞いや言葉遣いにも自然と品性が宿るものである。マネジメントの立場になれば、少なくとも背広とシャツ、ネクタイ、小物はコーディネートし、その日にお会いする人、場所などTPOに応じて、自分自身が気後れしないものを身に着けるセンスが必要である。

知識、教養、礼儀正しいマナーを身に着けることにより、品格を高め、人として卑しくない生き方を目指してほしいと思う。

また、自らの品格、人格を損なわないようにする強い意志が求められる。

7 「品格」を有する人の特徴

・風格、気品を備えるために「高雅」な品性を涵養する。
・自らを律し、気持ちの赴くままに振る舞うことは慎む。
・言葉遣いが丁寧で品性があり、言葉にその人の品格が表れる。
・マナー、立ち居振る舞いの動作が美しく、品格が紛れようもなく現われ出ている。
・教養があり、何事に対しても「知的好奇心」を有する。
・相手の立場、歴史、文化、慣習、価値観などを理解し尊重する。
・相手を包み込む優しさと周囲へのさりげない気遣いができる。
・周りに与える印象も考え、身だしなみを整え、清潔である。
・〝ありがとう〟と感謝の気持ちを言葉にして伝える。
・相手を慮り、自らの気持ちが前に出ないようにする。

8 「器」の大きさ

「器」(Visionary)の大きい人は、大きな「志」を有し、高い視点から物事を考え、スケールが大きく、「磊落豪雄《らいらくごうゆう》」(線が太くて貫禄がある)な人物である。

磊落《らいらく》とは、大きな石がごろごろしていることであり、豪雄《ごうゆう》とは、優れた人のことを言う。あっさりしていて腹の中にものを養っている(安岡正篤『呻吟語を読む』より)。

気持ちが大きく「腹」がすわっているかどうかも、マネジメントに求められる重要な要素だ。

つまりは、自己中心ではなく、異なった価値観を受けとめる「包容力」を有し、周囲の人を気遣い、心配りのできることであり、これを「器」という。大きな役割を担うことができる能力を有する人物の大きさを「器」とか、「度量」「器量」という。周囲の人々が期待することを担うことのできる器量・力量を磨き、人のために役に立つことができることを「器」という。大きな志、使命感を有し、大局観に基づく「見識」すなわち、本質を見通す洞察力と確かな考えをベースに実行する。

自らを律し、心を鍛えることにより、「人間」として構想を考えるスケールの大きさが生まれ、「器」が日々大きく成長する。決断の「大胆さ」と「細心さ」、人としての「強さ」と「優しさ」の両面を兼ね備え、何があっても動じないことは、忍耐力を蓄えた「器」の大きい人間の証でもある。

それは知識とか能力ではなく、人物としての「器」の大きさであり、人として、全体の雰囲気、すなわち風格としてにじみ出るものだ。

マネジメントの存在意義は、業務を中心に考える部下には見えていない視点から助言することである。些細なことに目をつむり、大きな気持ちで人に接することにより、相手に成長する機会を与える。部下の失敗ミスは、挑戦した結果であると心を大きくし、許容する。自分の意と反するときにでも、自らの感情をコントロールし、怒らず冷静に対応する。相手の役職・地位に関係なく、誰にでも分け隔てなく、公平に接し、話を聴くようにする。何事もポジティブに考え、プロアクティブに行動することを心掛ける。

それが器の大きなマネジメントというものだ。

9 「器」の大きい人の特徴

・人として思慮深く「深み」のある「できた人」である。
・堂々としていて何事にも動じない「胆力」を有する。
・高い志にもとづきリスクテーカーである。
・周囲の役割期待を担うことができる「器」を有している。
・異なる価値観や考えを受け入れる「包容力」を有している。
・中長期の視点で物事を考える器が大きい。
・常に俯瞰して物事の本質を見極めて行動する。
・相手の立場を慮り、困っている人の役に立つ。
・細かいことを気にせず、高い視点から考え、助言する。
・我慢強く、忍耐心があり、自らの感情をコントロールする。

10　閑話休題「ノブレス・オブリージュ」（仏 noblesse oblige）とは

高貴な人ゆえに求められる責務、つまり、高い地位と影響力を有する人は、大きな責任と義務が伴う。そのためには、責務を全うする気概と使命感を意識し、社会・人のために役立つことは何かを考え行動する。

マネジメントに期待されるノブレス・オブリージュとは左記のようなことである。

一．社会・顧客のために最善を尽くすことを一義とし、事業に対する「信念」「使命感」を持って、仕事を遂行する。

二．事業の価値を高め、結果を出すために「衆知」を集め、事業のリスクにも挑戦する。

三．わが身を責めて、人を責めず、いざという時に「覚悟」を持って行動する。

四．人材を登用するためには、「素直な心」で人を見極め、その人の「強み」を発揮させる。

第3章

マネジメントの役割とは何か

1　人間力リーダーシップの発揮

リーダーシップを発揮するために最も重要な能力の一つは、「コミュニケーションスキル」だろう。メンバーに単に情報を伝えるだけではなく、仕事の使命、「意味」や「感情」を双方向でやり取りすることによって分かち合い、チームとしての「共通認識」を持つことが肝要だが、そのために必須なのがコミュニケーションの能力だ。

リーダーには、ビジョンや進むべき方向性を自らの言葉でわかりやすくメンバーに語りかけ、伝える力が必要だ。いわば「話す力」「質問力」であるが、もう一つが「傾聴力」、すなわち相手の立場に立って話を聞き、相手の気持ちを慮ることが求められる。

コミュニケーションがとれている状態とは、相手が何を望み、何を言いたいのか、相手が今どのような状況にあり、何について悩んでいるかがお互いによくわかり合っている状態だ。阿吽の呼吸に近い状態になることが重要で、「わかっている＝情報として知っている」というだけでは足りない。

リーダーとしてメンバーと信頼関係をつくる基本は、まず「相手について知る」ことだ。その上で、成果を達成するためにメンバーの強みに基づき、チームにおける「最適な役割」

を考え、編成し、実行する。さらに、チーム全体の「仕事のリズムとスピード」を停滞させないように、メンバーの能力、知識、改善点を理解し、チームで相互に補完するように導くことが求められる。

加えて、結果だけではなく、目標達成に向けた個々のプロセスにも関心を持たなければならない。メンバーの仕事が高度になればなるほど、プロセスにおける問題点や進捗状況、改善点を共有し、メンバーのモチベーションを引き出す「質問力」が求められる。

マネジメントスキルの幅を広げるためにも、緊急でない業務では、教えるのではなく、本人の中にある「解」に気づかせるように、問いを投げかけ、共感を加速するためにも相手の話をよく聞くようにする。メンバー自らが課題は何かを考え、主体的に行動するようにするためである。

相手が話しやすく、相談しやすい雰囲気をつくることが前提になる。そうした環境が醸成されていないと、隠蔽体質が育ってしまう可能性が高まる。進捗状況がよくわからず、どこに問題があるのかを掘り下げることができないという壁に突き当たってしまうかもしれない。そうでなくとも、密なコミュニケーションを取ることが難しくなってしまう。

いずれにしても、相手の立場に立って状況を理解し、次なる行動をともに考えるために、聞く耳を持つことがコミュニケーションの第一歩だ。共感の傾聴は、メンバーとの信頼関係を高め、チームのシナジーを創り、チーム力を高めることにつながる。

リーダーは、メンバーの強みを引き出し発揮するためにも、状況に応じてリーダーシップスタイルを使い分ける必要がある。経験、知識のないメンバーに対しては、具体的かつきめ細かく仕事の内容を説明する高指示・低支援の指示型リーダーシップスタイルを行う必要もあるだろう。質問においては、オープンエンド質問（自由回答の質問）を多用することが求められる。そうすることによって、メンバー自身が相手との対話だけではなく、自らとの対話により、新たなアイデア、発想に気づき、モチベーションを高めることにもつながるのだ。

チーム力を発揮するためには、チームメンバーが状況を正しく把握し、何をすべきか考え抜くことで、それぞれの役割を認識して、行動する必要がある。

リーダーとメンバーの関係は、いわゆる垂直型の組織の上下関係ではない。リーダーの立ち位置は、チームの真ん中に位置し、いわば「ハブ」のような存在であり、その上でフラットな集団を形成するのが一番だ。チームは、リーダーとメンバーおよびメンバー間の相互作用により、育まれるものだ。

そのため、最強のチームをつくりあげ、維持するために、チームリーダーとして最大限に磨くべきものは、メンバーに共感できる「感受性」だ。感受性は、状況を的確に認識し、判断し、問題を解決するためのベースとなるものだ。

では、いかにしてチームを成長させていくのかというと、さまざまなメカニズムの構築が必要となる。その中でも根幹となるのが、「ビジョン・方向性・目標の共有」「オープンな議論」「情報の共有」「コミットメント」「ＰＤＣＡサイクル」を促進するためのメカニズムだ。

2　マネジメントに求められるリーダーシップ行動

マネジメントの役割は、突き詰めれば期待される「成果」をきちんと出すことに尽きる。結果の出ない「経営」はありえない。

顧客への貢献の結果として、事業の利益を出すのが「マネジメント」に求められる最大の役割である。

一．我々の「事業の使命」は何かを考える

そもそも私たちは「何の」ために事業を行っているのか、事業の「使命」を考え、組織

の一体感を創る必要がある。事業の使命の視点が等しく高くないと、同じ仕事をしていても「仕事の目的」が大きく異なることになり、責任感や使命感にも差異が生じる。

その使命の先にあるのが、社会であり顧客だ。

私たちは「何を」「誰に」提供するのか、顧客のニーズは何か、顧客起点に立って顧客価値をどのように高めるのかを常に念頭に置く必要がある。そのためには市場の「変化」を先取りし、絶えず業務を見直し、顧客に正直、誠実に最善を尽くすことが求められる。

さらに私たちは、社会・人に役立つことは何か、また、どのように貢献すべきなのか、仕事の先にあるものは何かを考え、その目標を達成することに生きがいを見出すべきと私は考える。

二．ビジョン、進むべき方向性を明確にし、人・組織に影響を与える

マネジメントとして、中長期に何を実現したいのか、その「ビジョン」を明確にし、組織の将来の「あるべき姿」を明らかにする。

また、ビジョンをなぜ達成したいのか、その目的を熱く語り、部下と共有し、仕事の判断、行動の基準にする。

三．戦略に基づき短中期のゴール目標を設定し、成果の最大化を図る

「着眼大局　着手小局」（物事の流れ、大局をつかみ、行動計画は着実、綿密に）の視点から市場、事業環境、顧客の変化を予測し、収益性、将来性を見通し、実行計画に基づき行動する。

マネジメントとして事業環境の変化の激しい中、できる限り客観性を持った判断、意思決定を心掛ける。機を逸することがないようにスピード感のある組織的行動を行う。

効果的な組織運営を行うために計画を立案し、目標とするＫＰＩを共有し、実行に向けてＲ（リサーチ）＋ＰＤＣＡサイクルを回し、行動を検証し、ギャップを埋める。

また、目標の精度、妥当性を高めるために、なぜこの目標なのか、どういう成果が得られるのか、ハードルは何かを全員に腹落ちさせる。

マネジメントは経営リソースを効果的に管理し、成果を最大化するためにも権限の委譲を積極的に行う必要もある。事業に対する強い信念に基づき、組織として決定しコミットした数値、定性目標の達成にはこだわりと責任を持って実行するという心構えも肝要だ。

四．チームメンバーがやりがいを感じる働きやすい環境を創る

チームメンバーのやる気を高めるために、事業の運営の透明性、公平性、納得性を高め、

彼らがいきいきと働きやすい職場を創る必要がある。

そのためにも常日頃から部下とのコミュニケーションにより情報やムードを共有し、組織の価値観に基づく行動を展開する。

また、コンプライアンスの遵守については最優先とする判断・行動を組織として徹底する。

五．部下に仕事の権限を委譲し、「人財育成」の責任を担う

部下が役割と責任を自覚し、自律的に行動できるように仕事を任せるとともに、部下の強み、やる気に基づき新しい挑戦的な業務に取り組む機会を与え、人財として成長させ、さらなる組織貢献を促す。

マネジメントの重要な役割は、組織ごとの後継人財を計画的に育成し、会社の将来を担う社員を育て、事業を持続的に成長させることである。

3　マネジメントとして判断・意思決定の質を高める

マネジメントとして最高の仕事をするにはどうすべきかを、常に考える必要がある。

顧客、上司、部下および関係部署の期待はどのようなものか、事業目線の視点から事業全体の流れを見通し、何をすべきか大局観を持って考え、対応する。

顧客には当然、顧客起点に立った考えをベースに対応する。事業環境の変化に応じて顧客に遅滞なくソリューションを提案し、顧客と共に共創する姿勢が重要だ。

組織全体を俯瞰し、何が求められているのかを考え、逃げずに「覚悟」を持って意思決定する。また、部門の最終意思決定者としての責任を自覚し、判断し行動する。

関係部署との調整は、組織連携の質を高めることを意識し、協働行動の関係性を確立し、全社最適を優先させる。

部下の仕事が、部門の戦略・目標とどのように関係しているのかという接点を説明し、理解させる。また、できる限り部下に仕事の権限を委譲し、仕事を任せ、組織全体の業務能力を高める努力をする。

マネジメントの重要な業務の一つが、臨機応変に的確に状況を判断し意思決定を行い、事業の成果を出すことである。そのためにも、外部要因、ビジネス環境だけに目を向けるのではなく、先述したように、日頃から部下とのコミュニケーションを通じて、足元の変化の兆候をも感じ取り、部下の特性（強み、弱点）を見極め、先見性を持って現在の状況

図２　判断・意思決定

ーリスクー		ー対応策ー
1. 相手の意見・情報を過大視し，「鵜呑み」にする	ー「信じること」と事実は異なる	ー信頼できる客観的な事実・データを多角的に収集し，判断する
2. 思考のバイアスにより，「思い込み」をする	ー根拠のない希望的観測で判断する	ー「判断基準」となる数値・データの妥当性を確認する
3. 思考がパターン化し，固定的に判断する	ー自らに都合の悪い情報は軽視する	ー１つの事例が全てに当てはまることを疑ってみる
4. 過去の「成功体験」に固執する	ー現状のやり方が当たり前だと思っている	ー前提条件の思考を疑い，環境の変化を把握する
5. 顧客のことを理解できていないので，提案することができない	ー市場，顧客の情報を収集し，共有する	ー「仮説」の精度を高め，ストーリーを考え，進捗状況を検証する

を正しく読みとり、判断する必要がある。加えて、部下の仕事に対する考え方、癖を見抜き、自分勝手な思い込みを指導する必要がある。

過去の成功体験から抜け出せずに、現在のやり方が正しいと思い込んでしまい、結果的に判断ミスにつながるということは多いものだ。そうした思い込みや殻を破ってあげるのもリーダーの務めだと心得てほしい。

そうした努力をせず、先を読めずに、その場しのぎで対応すると、図２「判断・意思決定」のようなリスクに遭遇することになる。

第4章

コミュニケーションは、「人間力」

人と人がコミュニケーションを取り、そこに醸成される相互関係を通じて会社やチームの価値を創り出していく。特にリーダーにとってコミュニケーションは、協働行動を促進し、部下との信頼関係をつくり、彼らの「モチベーション」を維持向上させるために不可欠な能力である。

コミュニケーション能力の中核である「傾聴力」「伝達力」「質問力」の三つの機能は、相互に融合して人との信頼関係をつくる基盤となるものだ。

今回の新型コロナウィルスの世界的な感染拡大に伴い、人が自由に移動し、対面によるコミュニケーションを行うことが、感染リスクのために制限された。こうした状況はしばらく続くであろうし、リモート（テレ）ワークは、コロナ禍が去った後も、今まで以上に市民権を得ることは間違いがない。

私たちは〝ディスタンス〟という新たな価値観に対応することが求められているわけであり、この事実がコミュニケーションのあり方にも大きな影響を及ぼすことは必定だ。遠隔でチームワークを高め、チームの成員に適切なドライブをかけるために、コミュニケーションの「質」の維持をどのように行えばいいのかを考える必要が生じた。これは、コミュニケーションというものの本質を問う良い機会であるともいえるだろう。

1 「リモート（テレ）ワーク」を活用した柔軟な働き方

リモートワークは、「チーム」で働き、目標を達成するための働き方の「重要な手段」の一つとなった。ご承知のように、「リモートワーク」とは、「リモート」（離れた場所）で「ワーク」（仕事）を行うために、オフィス以外のサテライトオフィス、在宅により、パソコンに加え、モバイル端末も駆使して、ネットワーク環境を介して仕事を行う働き方である。ちなみに、「テレワーク」もオフィスから離れた（Tele）場所で働くという意味で「リモートワーク」と同じ意味になる。

リアル（対面）のコミュニケーションが取りづらい状況において、ウエブ会議等を定期的に開催し、業務のプロセスを見える化し、課題の進捗状況をチームで共有する。コミュニケーションディスタンス（孤立感、疎外感）が発生しないように、話し合いの「頻度」と「質」を工夫し、チームの一体感を創り出す努力が肝要だ。

なぜならば、面と向かって、目を見て相手の真意を探ることも、ふいをついて事実を見極めることも、ふとした立ち話もできないからだ。

コロナ禍がなくとも、現在は事業の環境が劇的に変化するＶＵＣＡの時代となり、デジタル

図３　DX時代の「チーム組織」

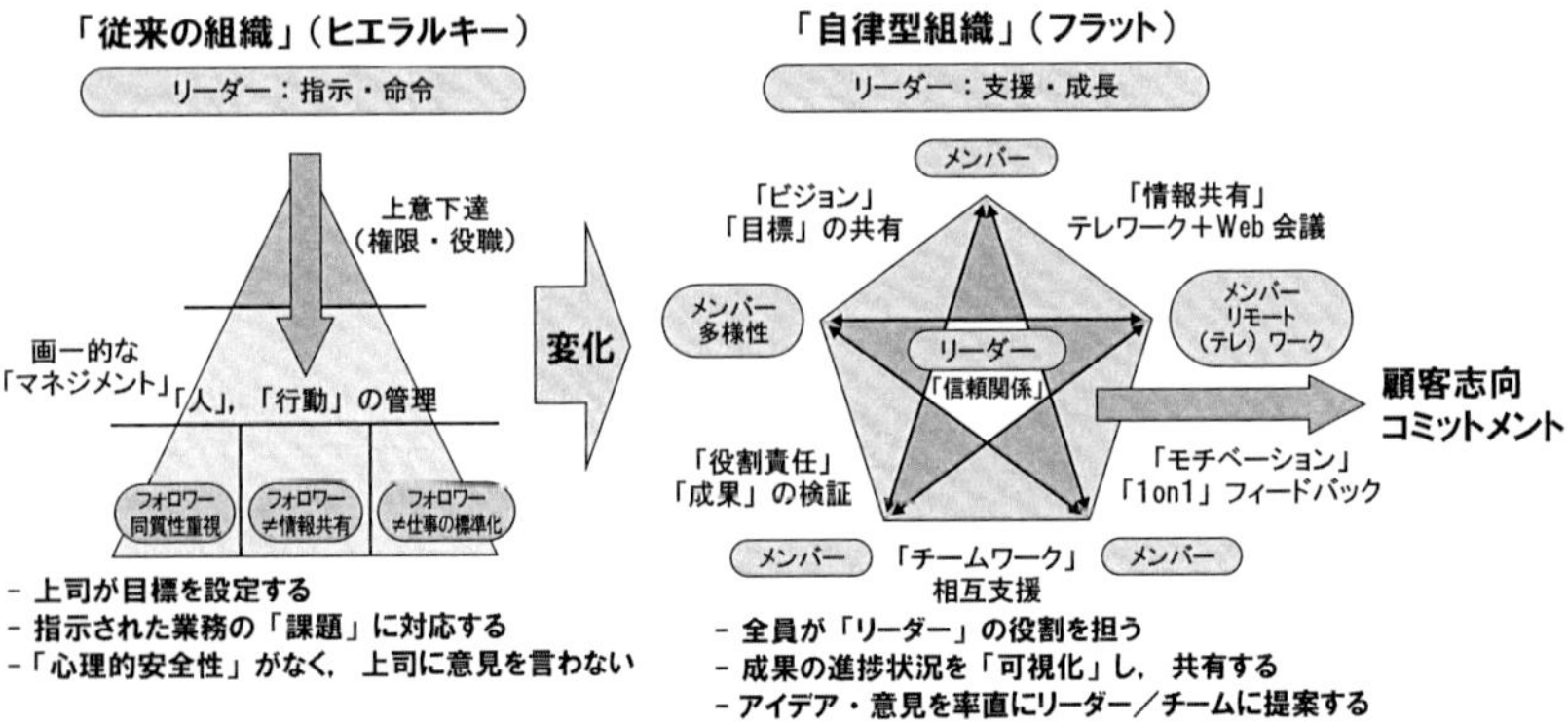
「従来の組織」（ヒエラルキー）
リーダー：指示・命令
上意下達
（権限・役職）
画一的な
「マネジメント」
「人」，「行動」の管理
フォロワー
同質性重視
フォロワー
≠情報共有
フォロワー
≠仕事の標準化
変化
「自律型組織」（フラット）
リーダー：支援・成長
メンバー
「ビジョン」
「目標」の共有
「情報共有」
テレワーク＋Web 会議
メンバー
多様性
リーダー
「信頼関係」
メンバー
リモート
（テレ）ワーク
顧客志向
コミットメント
「役割責任」
「成果」の検証
「モチベーション」
「1on1」フィードバック
メンバー
「チームワーク」
相互支援
メンバー
- 上司が目標を設定する
- 指示された業務の「課題」に対応する
-「心理的安全性」がなく，上司に意見を言わない
- 全員が「リーダー」の役割を担う
- 成果の進捗状況を「可視化」し，共有する
- アイデア・意見を率直にリーダー／チームに提案する

化が急速に進展し、今までとは違った視点での事業の目的、働き方に対する問題定義が求められている。ちなみにＶＵＣＡ（ブーカ）とは、２０１６年にダボス会議（世界経済フォーラム）などの各経済会議で使われ、注目されるようになった言葉で、Volatility（変動性）、Uncertainty（不確実性）、Complexity（複雑性）、Ambiguity（曖昧性）が増した社会になる。一言で言えば、曖昧で複雑化した社会といった意味になる。

デジタル化が進展したことにより、クラウドが重要になった。クラウドがしっかりとしていれば、ＰＣやスマートフォンから何時でも、何処からでも同じデータや情報の利用や保存、処理が可能な時代である。

人と組織に関しても、上意下達による画一的なマネジメントに基づく行動の管理ではなく図３「ＤＸ時代のチーム組織」に示す通り、フラットで自律的な組織形態により、一人ひとりが、「個」としてやるべき「役割責任」の内容を明確化し、進捗状況をチームで共有すると共にプロセスを「可視化」し、目標を達成する働き方が求められている。

また、メンバーの同質性を重視し、全員に向けたコミュニケーションのスタイルではなく、個々のメンバーの特長に合った「1on1」のコミュニケーションを行うことにより、多様な価値観を尊重し、個性、強みをチームとして発揮できるように「ダイバーシティ&インクルージョン」をこれまで以上に実現することが求められている。

そもそも、そうしたことがある程度以上実現できている組織でなければ、本当の意味でリモート（テレ）ワークの力を発揮することはできないはずだ。

仕事のプロセスも、従来のように紙ベースで社内稟議を通し、承認・捺印を絶対とし、ファイルに保管していたものを、電子データで稟議書を提出し、電子署名により決済・承認できるように業務のデジタル化、ペーパーレス化を進める必要がある。

また、お客様への提案のスピードを高めるために、価値ある市場・顧客情報を収集し、共有システムに入力し、「デジタル化」を促進することにより、顧客価値を高めることも可能となる。

個の働きがますます重要な時代であるが、とはいえ、仕事のやり方は過度な「個別最適

図４　リモート（テレ）ワークの「メリット」，「デメリット」

「メリット」

- 働く時間，働く場所に**制約を受けずに勤務**する
- **働き方が効率化**し，生産性が向上する
- 通勤移動時間が削減でき，**ストレスが軽減**する
- 通勤コスト，オフィススペースが少なくなり，**コストが削減**できる
- **仕事のデジタル化が進展**し，ペーパーレス化が実現する
- **仕事と育児，介護を両立**し，多様な働き方が可能となる

「デメリット」

- 社員の役割，仕事の目標，プロセスが明確でないとリモート（テレ）ワークを上手く活用できない
- 仕事が見えにくくなり，**「人事評価」が曖昧**になる
- 仕事の**オン・オフの切り替え**が難しく長時間勤務になりやすい
- コミュニケーションの**機会が少なくなり**，仕事に「孤立感，阻害感」を感じる
- チームとして**情報共有**がスムーズにできず，業務効率が低下する。

↓

「リモート（テレ）ワーク」の「課題」

- ***“ディスタンス”*** という**新しい価値観**にパラダイムシフトし，意識・行動を変える
- 業務のプロセスを「可視化」し，チームとして支援・助言を行う
- 今まで以上に**「コミュニケーション能力」**を高めることが必要となる
- リモート（テレ）ワークの適用条件のガイドライン，ルールを作成し，**「メリット」を活用する**
- 業務に関するリアル（対面）＋テレワークの**ベストミックス**を自律的に考える
- 定期的に Web 会議を開催し，社員の**孤立感，阻害感を解消**し，協働行動する

化」から脱却し、前提として業務内容を「標準化・共通化」する必要がある。そして、ＩｏＴ、ＡＩを活用し、ビジネスプロセス全体のデジタル化により、生産性を向上することが期待されている。

「管理職」に求められる役割とは何かと共に、管理職の在り方が改めて問われている。

今までの「働き方」「働く場所」は、リモート（テレ）ワークの浸透により見直される。今後は、これまで以上に、時間や場所にとらわれない柔軟な働き方を是とする必要がある。

ところで、リモート（テレ）ワーク

のメリットを効果的に活用するための課題は、図4「リモート（テレ）ワークのメリット・デメリット」に示す通りだ。

「リモート（テレ）ワーク」を効果的に進めるためには、上司と部下が1対1でこまめに連絡を取り合いながら、目標に対する課題の「優先順位付け」の確認を行うために、まずは「週間、月間の行動計画」を「チーム」で共有するようにする。また、仕事のプロセス、進捗状況を「可視化」し、適切なタイミングで必要な「フィードバック」を行うことが肝要だ。フィードバックは、タイミングを逸してはいけないし、だからと言って頻繁になり過ぎてしまってもいけない。

従来以上に、人と人が「コミュニケーション」を通じて、互いの気持ちが分かりあえる関係をつくるためにも、コミュニケーションの「頻度と質」を工夫しなければならないのだ。

第一章の優良企業の経営者の方々が述べておられたように、コミュニケーションにおいては、組織のあるべき方向性を示し、「現場との対話」「相手の立場に立って話を聴く」「相手に敬意を持って対等に接し、気持ちを理解する」ことが大切である。

リーダーは、組織のビジョン、目標を伝え、部下の言葉に耳を傾け、効果的な「コミュニケーション」により、信頼の前提条件である心理的安全性を高める必要がある。この「効果的」という部分が、リモート（テレ）ワークとこれまでとでは異なる。その違いを知り、まさに新しい様式を見出さなければいけない。その責任は、ひとえに上司にある。

「対面」によるコミュニケーションとは異なり、オンラインでの対話では、タイムリーに本当に伝えたいこと、理解して欲しいことが、説明不足になりがちであるし、表情が伝わりにくいため、今まで以上にコミュニケーションにおいて、きめ細かな配慮が必要となる。

基本に立ち返ってみよう。誤魔化しが効かないオンラインでは、ことさら基本が重要になるからだ。

2　「コミュニケーション能力」の強化

まずは、コミュニケーション能力を高めるために、次の3つの視点から自らの意識・行動を振り返り、再認識することが求められる。

1　相手の話をなぜ、「傾聴」できないのか

・相手の立場に立って、話を「よく聴き」理解し、共感しているか？

2　あなたの話の内容は相手になぜ「伝わらない」のか

図5 「コミュニケーション能力」の強化

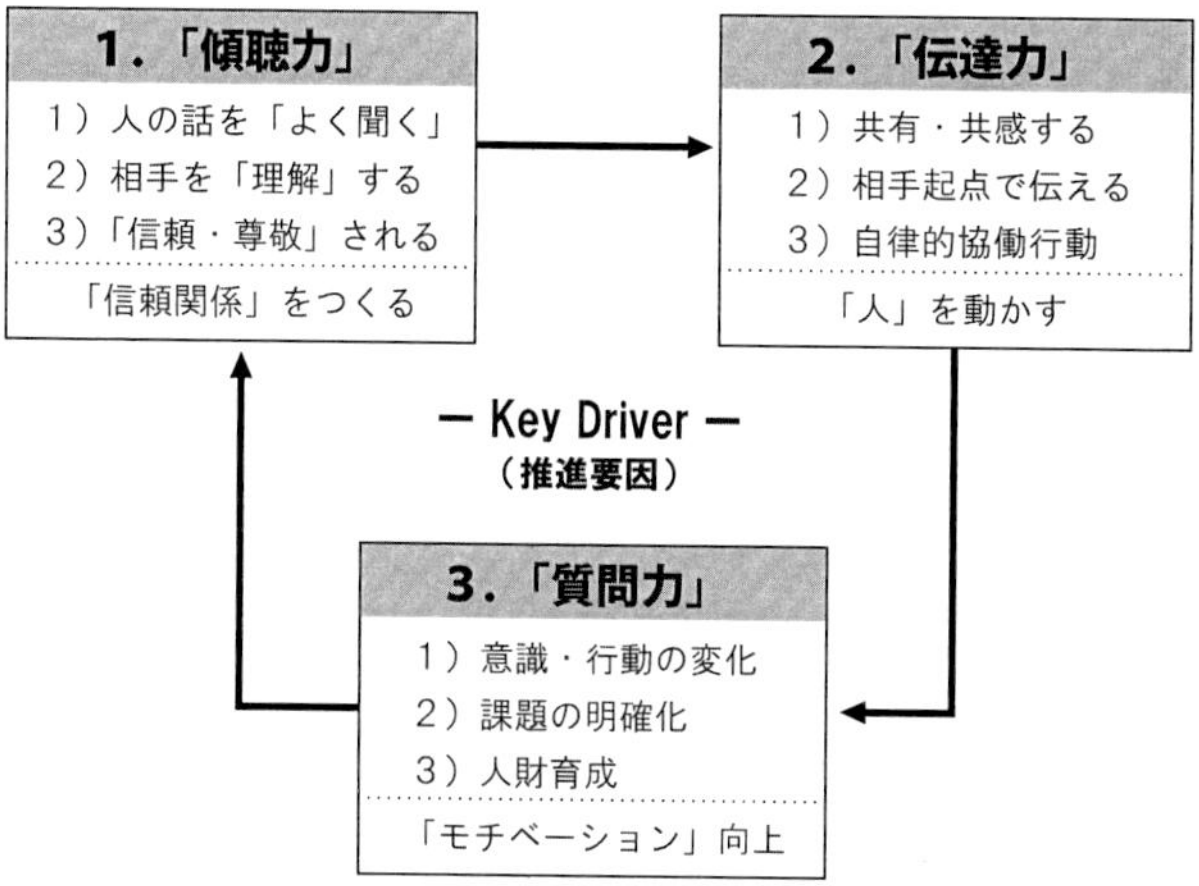
1.「傾聴力」
1）人の話を「よく聞く」
2）相手を「理解」する
3）「信頼・尊敬」される
「信頼関係」をつくる
2.「伝達力」
1）共有・共感する
2）相手起点で伝える
3）自律的協働行動
「人」を動かす
— Key Driver —
（推進要因）
3.「質問力」
1）意識・行動の変化
2）課題の明確化
3）人財育成
「モチベーション」向上

・相手に伝えたい話の内容を「論理的」に分かりやすく伝え、自発的な行動につなげているか？

3　的を射た「良い質問」（問う）がなぜできないのか

・相手の話をよく聞き、気づきを促す効果的な「質問」をしているか？

リーダーであるならば、以下の「人」を動かすコミュニケーションの実践により、目標を達成するようにしたいものだ。

・部下の言葉に耳を傾け、**「聴き上手」**になる
・多様な価値観を尊重し、強みを発揮させる
・「何を」期待しているのか、目標を分かりやすく伝える
・的を射た**「良い質問」（問う）**により、部下

の意識・行動を変える
・自らの「コミュニケーションスタイル」を見直し、改善する
・「リモート（テレ）ワーク」＋「対面」コミュニケーションのベストミックスによりチームを動かし、ビジョンを達成する

組織のビジョン・方向性を共有し、顧客価値を高めるために何をすべきかを共に考え、部下の意識・行動を変えることが重要だが、部下一人ひとりの価値観、「強み」を理解し、相手の話に耳を傾け共感し、コミュニケーションの前提条件である「信頼関係」をつくることにまず注力する必要がある。

その上で、相手の特長に応じた「質問」を意識し、部下が何をすべきか考えるきっかけをつくり、新たな気づきを与える。

仕事に対する信念に基づき、発する上司の「言葉の力」の役割は大変重要なものだ。

●相手の話をなぜ、「傾聴」できないのか
マネジメントとして、目先の業務に追われ、相手の意見に耳を傾け聞く余裕がなく、疎

かになってしまっていることが主因だろう。

コミュニケーションの「基本」である傾聴力とは、相手の話に耳を傾け、相手の考えを尊重し、少しでも多く互いが分かり合おうとする姿勢で話を聞くことだ。大切なことは、相手の話を途中で遮らずに、考えていることを引き出し、**最後まで聞き切る**ようにすることだ。また、前提として相手が話やすい雰囲気をつくることも大切だ。

思いのほか難しいのが、相手の言葉に耳を傾け、気持ちを受け止め、複雑な感情を瞬時に理解することだ。

相手の話の内容を「受容」し、少しでも心が通じ合うように、その人の言葉と気持ちを謙虚に受けとめることができれば、「この人は信頼できる人である」と共感されるようになる。どうすれば、相手の話を心から傾聴することができるのかを今一度立ち止まって考えてみてほしい。

「傾聴」ができないのは、相手の話の内容を自らの「もの差し」で聞き、思い込みやバイアスにより判断してしまうからだ。自らの考えを伝えたいという思いが強くなり、自分が「どう話すか」に気持ちが傾き、相手の話を最後までしっかりと耳を傾け聞くことができない。

相手が話している途中に口を挟み、自分の意見を一方的に述べ、直ぐに結論を求め、部

図６　「傾聴力」

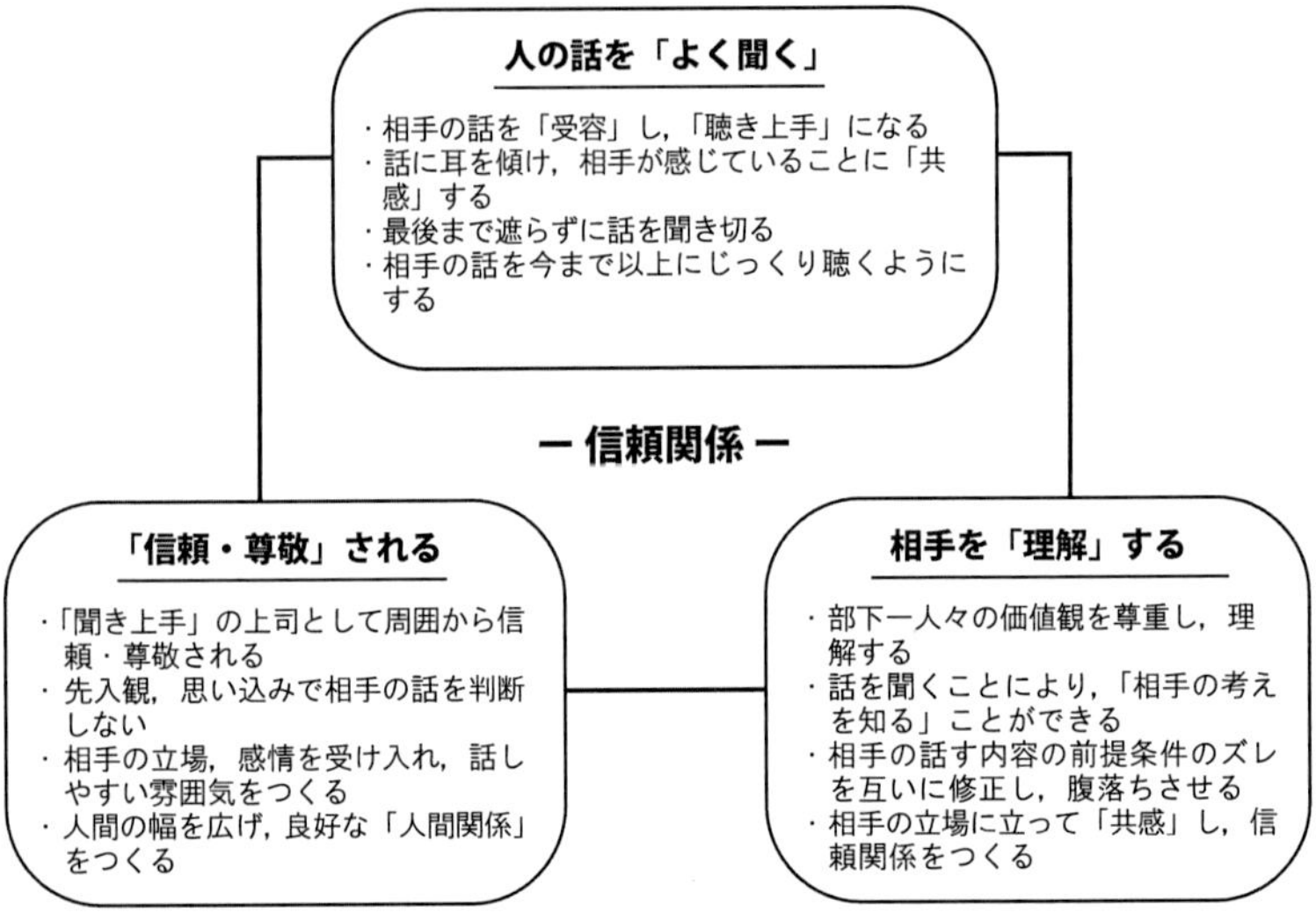
人の話を「よく聞く」
・相手の話を「受容」し，「聴き上手」になる
・話に耳を傾け，相手が感じていることに「共感」する
・最後まで遮らずに話を聞き切る
・相手の話を今まで以上にじっくり聴くようにする
― 信頼関係 ―
「信頼・尊敬」される
・「聞き上手」の上司として周囲から信頼・尊敬される
・先入観，思い込みで相手の話を判断しない
・相手の立場，感情を受け入れ，話しやすい雰囲気をつくる
・人間の幅を広げ，良好な「人間関係」をつくる
相手を「理解」する
・部下一人々の価値観を尊重し，理解する
・話を聞くことにより，「相手の考えを知る」ことができる
・相手の話す内容の前提条件のズレを互いに修正し，腹落ちさせる
・相手の立場に立って「共感」し，信頼関係をつくる

下から話が通じない人物だと思われてしまう。

上司に求められる行動は、相手の話を最後まで良く聞き、考えを理解し、「互いが共感」することなのだ。

また、思い込みやバイアスで相手の話を判断するのではなく、「事実」「データ」に基づき、多角的に現状を把握し、話し合い、判断することが大切だ。そのためにも、相手の言葉の裏にある感情や意味を汲み取り、理解することが求められる。

相手の話を最後まで真剣な態度で聴くためには、「礼節」を重んじることも大切だ。

実は、できる上司と言われる人ほど、自分は正しく、相手が間違っているという思い込みで相手の話を聞いてしまうことが少なくない。管理職としてのプライドが邪魔し、相手の話に謙虚に耳を傾け、共感することができないでいるのだ。

図6「傾聴力」に示す通り、傾聴力を高めるためには、部下一人ひとりの価値観、ものの差し、強みを理解するために、多様な価値観を受容できるように、**人間としての幅を広げる**。すなわち、相手の話すことを最後まで聞き切り、**共感して聞く**ことができるように、自らの聞き方・態度を改善すると共に人の心に通じる「教養」を深める必要があるのだ。

また、相手の人柄、強みを理解することにより、互いの話す内容の前提条件、「意味のズレ」をすり合わせ、「信頼関係」をつくることができる。そのためにも、相手の立場、気持ちを受け入れ、相手が話しやすい「聞き方」を心掛ける。相手を理解するためには、集中力、思考力および「認識力」を働かせ、相手の言いたいことは何かを的確に掴む状況認識力とエネルギーが求められる。

部下は自分の話を聞き、理解してくれる上司とスムーズな人間関係をつくり、一緒に働きたいと考えるものだ。

コミュニケーション能力は単なるスキルではない。相手の話を受け止め共感し、傾聴す

図7 「伝達力」

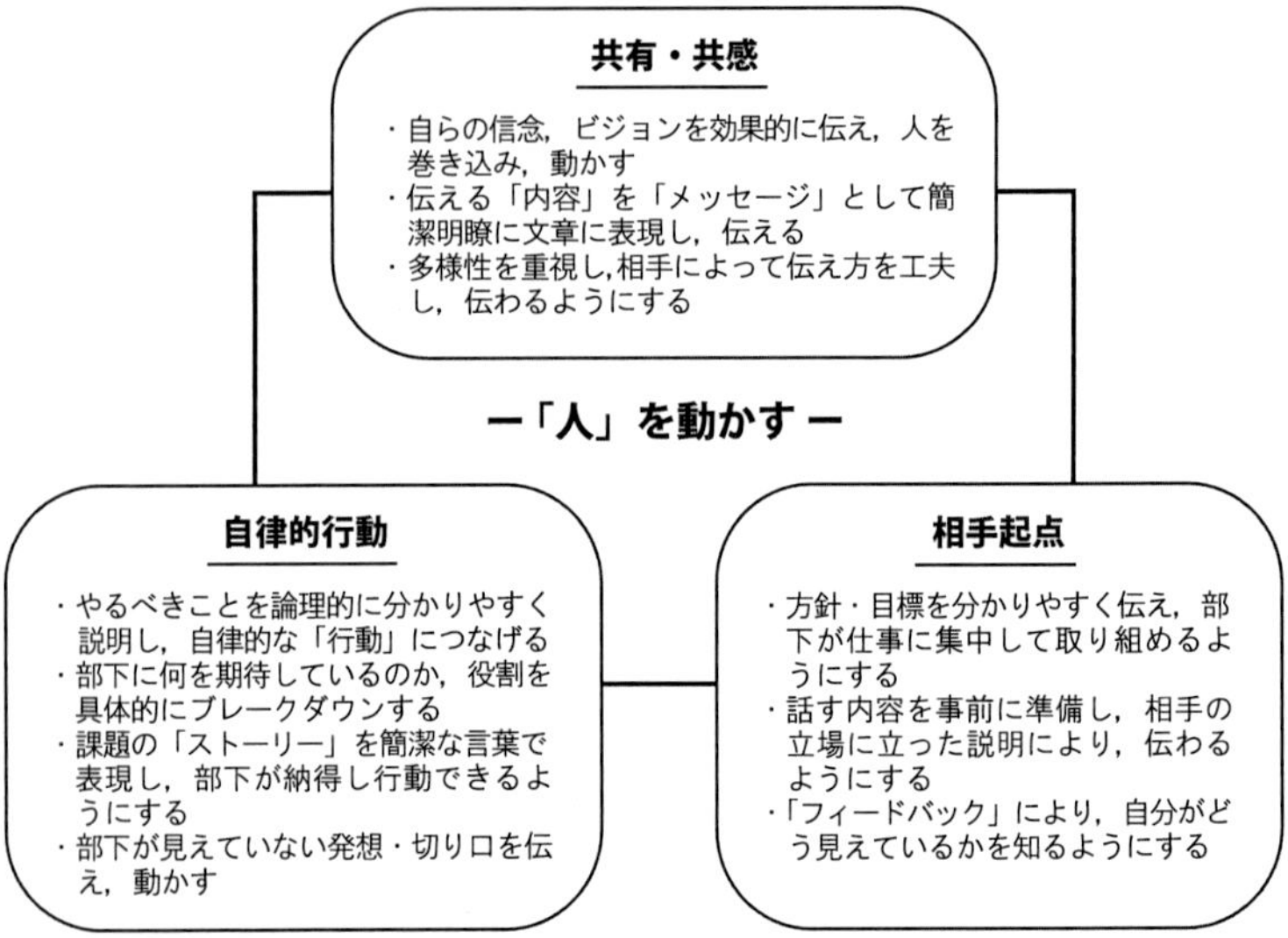
共有・共感
・自らの信念，ビジョンを効果的に伝え，人を巻き込み，動かす
・伝える「内容」を「メッセージ」として簡潔明瞭に文章に表現し，伝える
・多様性を重視し,相手によって伝え方を工夫し，伝わるようにする
ー「人」を動かすー
自律的行動
・やるべきことを論理的に分かりやすく説明し，自律的な「行動」につなげる
・部下に何を期待しているのか，役割を具体的にブレークダウンする
・課題の「ストーリー」を簡潔な言葉で表現し，部下が納得し行動できるようにする
・部下が見えていない発想・切り口を伝え，動かす
相手起点
・方針・目標を分かりやすく伝え，部下が仕事に集中して取り組めるようにする
・話す内容を事前に準備し，相手の立場に立った説明により，伝わるようにする
・「フィードバック」により，自分がどう見えているかを知るようにする

ることができる「人間力」の向上が問われる。

●あなたの話す内容は、なぜ相手に伝わらないのか

組織のビジョン、方向性を示し、目標達成になぜ取り組むのか、「論理的」に根拠を説明し共有する。その際に大事なのは、目標達成の筋道を立て「ストーリー」を伝えることだ。伝えたいことをストーリーとして組み立て、具体化することにより、周りの人を巻き込み、動かしやすい。

ややもすると、上から目線で一方的に部下に伝え、目的、意義の説明、何より分かりやすいストーリーを端折っ

てしまい、指示の本質が曖昧となり、部下が理解し、行動につなげることができない。

上司は、ものの見方の視点を高め、部下が見えていない発想、切り口を的確に伝える必要がある。さらに部下が、本当に知りたい目的の背景を伝え共有するようにする。そのためには、部下一人ひとりの価値観を尊重し、前提条件のズレをなくし、話がかみ合うように相手によって伝え方を工夫し、「対話」を行う必要がある。

話す内容を事前に「準備」し、相手の立場に立って誠実に対応する。部下の強みを最大限に発揮し、自発的に「行動」できるようにするために、何を期待しているのか、やるべきことは何か、達成基準を具体的に示すことも必要である。

また、部下に権限を委譲し、ワンランク上の仕事を任せ、成長する機会をつくることが重要だが、そのためには任せる仕事の全体の流れ、期待する仕事の質、期日、リスクを話し合い、不安感をなくすことも大切だ。

なお、仕事の内容が具体的な行動レベルで伝わっているのか必ず確認する。社員一人ひとりの役割責任に基づき、目標達成の進捗状況を「1on1」で共に振り返り、成果を検証し、軌道修正する。そのためには、具体的な行動に対してタイムリーにフィードバックを行い、改善すべき点を伝え、成長できるようにする。

図8　「質問力」

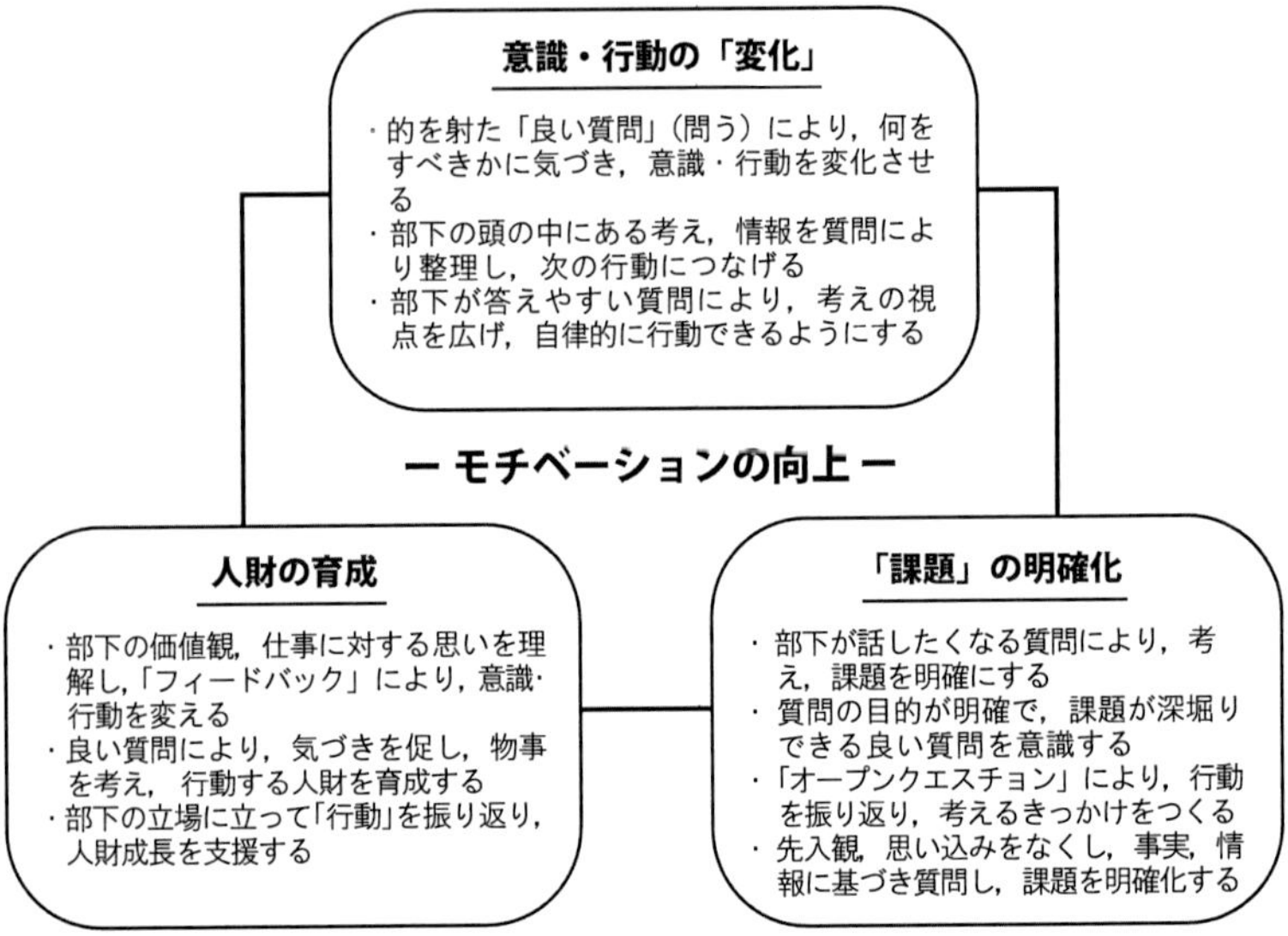

意識・行動の「変化」
・的を射た「良い質問」（問う）により，何をすべきかに気づき，意識・行動を変化させる
・部下の頭の中にある考え，情報を質問により整理し，次の行動につなげる
・部下が答えやすい質問により，考えの視点を広げ，自律的に行動できるようにする
― モチベーションの向上 ―
人財の育成
・部下の価値観，仕事に対する思いを理解し，「フィードバック」により，意識・行動を変える
・良い質問により，気づきを促し，物事を考え，行動する人財を育成する
・部下の立場に立って「行動」を振り返り，人財成長を支援する
「課題」の明確化
・部下が話したくなる質問により，考え，課題を明確にする
・質問の目的が明確で，課題が深堀りできる良い質問を意識する
・「オープンクエスチョン」により，行動を振り返り，考えるきっかけをつくる
・先入観，思い込みをなくし，事実，情報に基づき質問し，課題を明確化する

●部下はなぜ、意識・行動を変えることができないのか

的を射た「良い質問」により、部下が何をすべきか課題に気づき、仕事のやり方・意識を変化させることができるはずだ。一人ひとりの意識・行動が変われば「チーム」そのものもダイナミックに行動を変化させることができる。

そのためには、自らが話すよりも的確な質問を行う。そうやって聞く機会を増やすことにより、現場の情報を部下から引き出し、進捗状況を把握することができ、次善の策を共に考えることができる。部下一人ひとりの思いを理解し、課題を多角的に考えることもできるようになるはずだ。

相手の立場に立って問いかけ、質問をすることにより、部下に気づきが生まれ、課題を明確化することができるように仕向ける。部下との対話を通じて、認識のズレをなくすために多角的に現状の問題点を話し合い、意識・行動を変化させるようにする。

往々にして、思い込み、先入観に捉われてしまい、部下の「強み」を活かし、新しい課題に挑戦させ、成長する機会をつくれていないものだ。

また、「オープンクエスチョン」を意識して多用できていないため、課題の深掘りができない。その結果、部下に対し、一方的な質問・指示に終わってしまい、本質的な問題の原因が究明されずに、部下のやる気を引き出せていない、ということも多い。

部下の頭の中にあるものを対話を通じて整理し、新たな気づきにより、「何を」すべきか、次の行動につなげられる「良い質問」をするのが上司の務めだ。下手な質問には下手な答えが返ってくるものだ。逆に良い質問には、的を射た明解な答えが期待できる。

「質問力」を通じて、多様な視点から現状の課題を話し合い、人財として「成長」させることができる。

いずれにしても、コミュニケーション能力は、単なるスキルではなく、相手の考えに「共感」する「人間力」の発揮の場でもある。

3　コミュニケーション能力「チェックリスト」

この項の最後に、改めて、コミュニケーション能力の中核である「傾聴力」「伝達力」「質問力」の三つの機能について確認しておこう。

「傾聴力」は、相手の話を本気で聴き、理解する姿勢により培われる。

「伝達力」は、相手の立場に立って目標を論理的に分かりやすく情熱を持って伝え、周囲の人を巻き込み「動かす」力である。

「質問力」は、的を射た「良い質問」（問う）により、部下の意識・行動を変化させ、人財として成長させることができる力を指す。

次表はまず、「傾聴力」「伝達力」「質問力」の強化の要素ごとに五段階尺度でセルフチェックするための表だ。レベル数値を記入してみてほしい。

また、コミュニケーション能力（セルフチェックシート）のレーダーチャートにレベル数値を記入し、自らのコミュニケーション能力の現在の「強み」と「改善点」を明確化する。その上で、コミュニケーション能力における「改善行動」の内容を具体的に記入してみてほしい。

コミュニケーション能力「チェックリスト」

「傾聴力」の強化

「要素」	「傾聴力のポイント」	「あなたの改善行動」（事例）
1.人の話を「よく聞く」 □	□ 相手の話を「受容」（そのまま受け入れる）し，「聴き上手」になる □ 相手の話に耳を傾け，「共感」（相手の気持ち）に傾聴を行う □ 相手の話を最後まで「遮らず」に聞き切る	・相手の立場，気持ちに立って話を聞く ・相手が話しやすい雰囲気（表情など）をつくる ・相手の話すリズム・スピード口調のペースに合わせて聞くようにする ・話の途中で相手の話を評価・判断（否定・反論・説得）せずに最後まで聞くようにする
2.相手を「理解」する □	□ 相手の立場に立って，話の内容を「理解」する □ 相手との前提条件のズレを互いに修正し，納得する □ 相手の話を聞くことにより，相手の考えを理解することができる	・相手の価値観，関心事に集中し，「もの差し」を理解する ・相手の立場，気持ちを尊重し，「共感」による傾聴を心掛ける ・相手の言葉の背景にある気持ちを理解する
3.「信頼・尊敬」される □	□ 「聴き上手」（相手の話中心）の上司として，周囲から信頼，尊敬される □ 先入観 思い込み（バイアス）をなくし，事実，情報に基づき，相手の話を判断する □ 人間の幅を広げ，良好な「人間関係」（前向き，情報）をつくる	・相手に対し思いやり，感謝の気持ちで接する ・自分の考えが絶対に正しいという思い込み，先入観ではなく，様々な角度から多角的に考える ・相手本位で話を聞くようにする

「伝達力」の強化

「要素」	「伝達力のポイント」	「あなたの改善行動」（事例）
1.共有・伝達 □	□ 伝える内容を事前に準備し，相手の立場に立って伝え動かす □ 伝える内容を「メッセージ」として，簡潔明瞭に文章に表現し，伝える □ 多様性を重視し，相手によって伝え方を工夫し，伝えるようにする	・話の目的・意義を相手の考えも聞き，結論につなげる ・伝えたい主張と根拠を言葉で表現し，「パッション」を持って伝える ・一方的に伝えるのではなく，相手の立場に立って話し，「信頼関係」をつくる
2.相手起点 □	□ 方針，目標を分かりやすく伝え，部下が仕事に集中して取り組めるようにする □ 部下に何を期待しているのか，やるべきことを具体的に話す □ タイムリーにフィードバックの内容を伝え，部下の成長につなげる	・目的・目標がイメージしやすいように伝える ・相手が知りたいと思うことを優先して伝える ・「1 on 1」により，目標達成に向けて，軌道修正を行う
3.自律的行動 □	□ 方針・目標を「論理的」に分かりやすく説明し，自発的な行動につなげる □ 課題の「ストーリー」を簡潔な言葉で表現し，部下が納得して行動できるようにする □ 相手が見えていない発想，切り口の視点を伝え，行動を変化させる	・相手が意味，内容，筋道を「理解」できるように伝える ・相手が分かる言葉を使い，目指すゴールを説明し，腹落ちさせる ・部下が何をすべきかを具体的に伝え，役割を自覚させる

「質問力」の強化

「要素」	「質問力のポイント」	「あなたの改善行動」（事例）
1．意識・行動の「変化」	□ 的を射た「良い質問」（問う）により，何をすべきか課題に気づき，意識・行動を変化させる □ 頭の中にある考え，情報を質問により整理し，次の行動につなげる。 □ 相手が答えやすい質問により，考えの視点を広げ，自律的に行動する	・相手の状況，性格に基づき，何を考えてほしいのか，「良い質問」（問い）を準備する ・「質す」のではなく，部下が目標に向かって自発的に行動できるようにリードする ・部下の有する情報，経験，能力，強みを認識させ，自発的な行動につなげる
2．課題の明確化	□ 質問の目的が明確で，課題が深堀りできる良い質問を意識する。 □ 「オープンクエスチョン」により，相手に考えるきっかけをつくる。 □ 相手に対する先入観，思い込みをなくし，事実，情報に基づき話し合い，課題を明確化する。	・事実，データに基づき，質問を行い，多様な視点から現状を検証する ・課題に対し，自らが「解」を見出せるようにオープンクエスチョンを活用する ・部下の思い込み，先入観に気づかせる為に，多角的な視点から現状を検証する
3．人財の育成	□ 相手の価値観，仕事に対する思いを理解し，「フィードバック」により意識，行動を変する □ 良い質問により気づきを促し，自律的に行動する人財を育成する □ 相手の立場に立って「行動」を振り返り，人財成長を支援する。	・具体的，本質的な質問により，幅広い視点から課題を深堀りする ・部下の成長は，上司の責任であることを認識し，「強み」を発揮する ・自らの物事に対する認識の「歪み」，「欠如」，「行動」不足を検証する

「コミュニケーション能力」（セルフチェックシート）

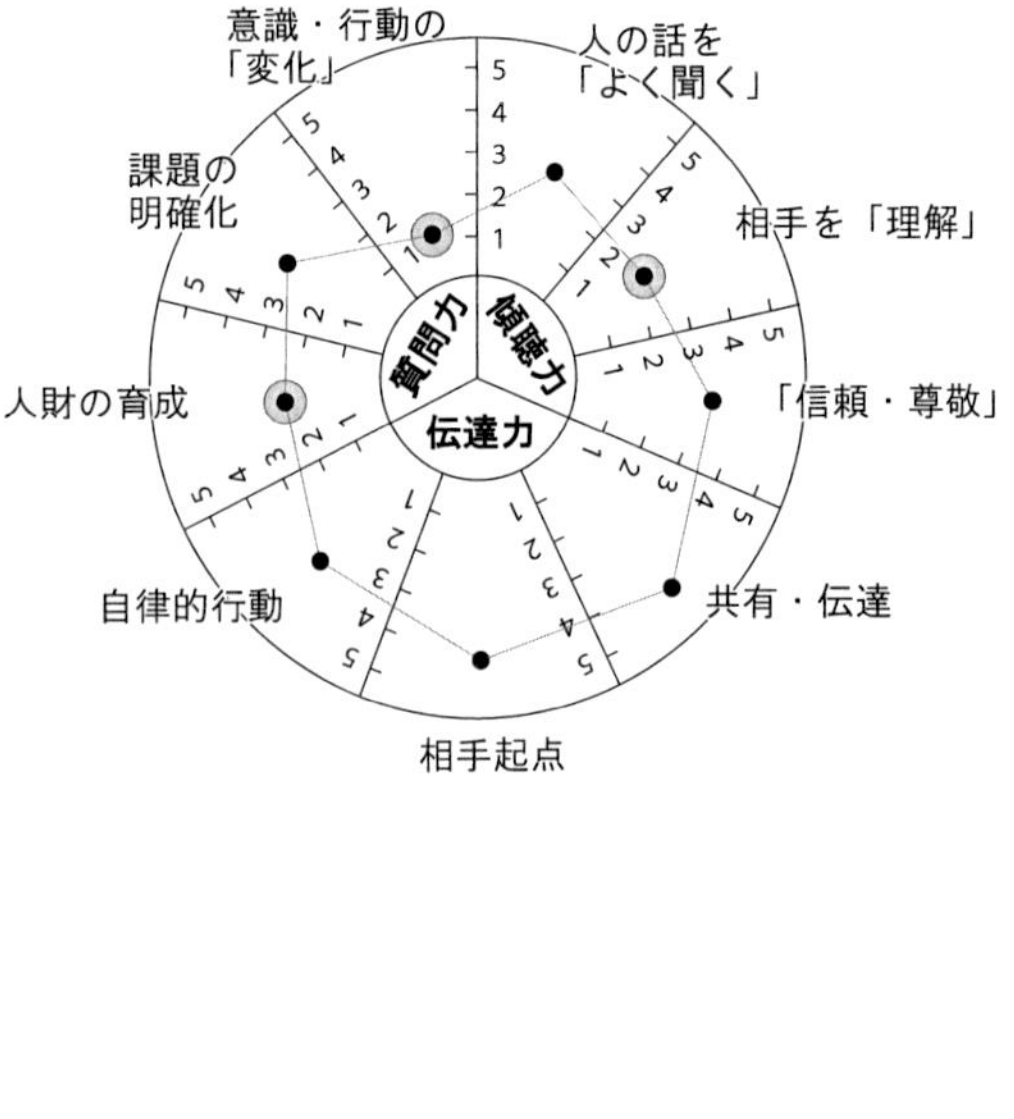

第5章

マネジメントの「人財育成力」と「事業構想力」

1　人財を育成するために最も重要なことは

マネジメントの役割・責任で重要な仕事の一つは当然、「人財の育成」である。うまく人財を育成するためにはまず、なぜ部下を育てる必要があるのか、その目的の本質を考える必要がある。人財育成の目的は、部下が成長することにより、組織の成果を達成しやすくするためだ。

会社のマネジャークラスの管理職は、指示された業務を期待通りに達成する優秀な人が多いが、未知の事業領域に挑戦するスケールの大きさを感じさせるマネジメント人財は少ないのが現状だ。

社会・市場の「変化を読む」には、価値ある必要な情報は何かを考え収集し、想像力、感受性、「人間力」を働かせ、情報を組み合わせて、新しいアイデアの発想につなげる必要がある。

そのためにも、高い視点から物事を考えるような経験を若い時からさせる必要がある。仕事のスケールの大きさは、物事を考えることができるスケールの大きさにより決まるからだ。

業務に関する知識等を「教える」場合は、もっぱら教える人の「能力」が問題であり、そこが担保されていれば、部下は容易に受け入れることができるはずだ。しかし、仕事に対する考え方、取り組み姿勢、生き方などを「教える」場合は、まさに指導する上司の「人間力」が問われることになる。

人として、尊敬・信頼できる上司でないと、指導内容を素直に受け入れられず、内心では「あなたに言われたくない」と反発されることにもなりかねない。そのため、指導育成を通じて部下を人財として成長させるためには、上司が部下から尊敬・信頼されるそうした「人間力」を有する人物であるかが最初に問われることになるのだ。

リーダーの重要な使命の一つは、次世代人財の成長にコミットすることだ。リーダーとして最大の成功は部下を成長させることにある。そのためにも「人間力」の鍛錬が重要なわけだが、さらに、部下の能力・やる気に応じて「仕事を部下に任せる」ことができるかが最大のポイントになる。加えて仕事上のミスに対しては、「人格を否定」するような言葉ではなく、「行動」を振り返り検証し、部下を指導育成するようにする。仕事のプロセスを理解し、努力した点、成果を褒め、成長を共に喜ぶ器量が求められる。

さらに部下の提案・意見にも真摯に耳を傾け、小さなこと、妥当と思うことであれば後押しを惜しまない。そうした懐の深さも当然必要になる。

2　マネジメントとして人、組織に「影響力」を発揮するには

マネジメントには肩書、地位、権限が及ばない部門、チームをも動かす影響力の必要に迫られることも少なくない。そのようなとき、関係者をどのように巻き込み、影響力を発揮し、事業の目標に取り組み達成できるかが問われる。

ポジションパワーは、その人の有する肩書、地位、専門性、経営情報、承認権限がベースであり、やるべきことを部下に伝達し、権限範囲に基づき業務の指示、命令により、組織・人を動かすことができる。ある意味、組織に影響力を行使するための錦の御旗のようなものだが、とは言え、いわゆるトップダウンによる指示を多用すると、組織全体に「ヤラサレ意識」が強くなり、部下が受動的に仕事を行い指示待ちとなり、責任を回避するようになるものだ。人財育成という意味でも、それはマイナスの効果が大きい。

ポジションパワーによる影響力は、容易に活用することができるが、それゆえ、その影

響力は限定的と言える。また、情報と影響力が権限の範囲に垂直方向のみに流れ、部門を超えた協働行動は促しにくい。

また、人事業績評価に基づき昇進・昇格、昇給の評価の処遇により、部下をコントロールしようとしても一時的な影響しか及ぼせず、中長期的にみれば、これもマイナスの効果が極めて大きいと言わざるを得ない。

加えて、今日では、信頼関係もなく、職務上の地位、権限を盾に部下に業務を厳しく指示し、動かそうとするとパワーハラスメントと認定されてしまう恐れもある。

その点、「人間力」による影響力は、事業の使命、思い、信念に基づく行動により、信頼関係をベースに、職掌範囲における統率はもちろん、権限の及ばない組織にも影響を与え動かすことが可能だ。

また、部下が自立的に動くことにより、組織の業績を上方に押し上げる効果も期待できる。

組織・人をうまく動かせないのは、自らのマネジメントスタイルに起因することが多い。では、好循環を生む影響力を阻む原因は何だろうか。

・組織のビジョン、方向性が明確に伝えられないと、部下は、どのように行動し、組織に貢献すればいいのかがわからない。
・強調される方針と、担当する業務との関係性、接点が希薄であり、目標、優先順位が異なるために、取り組む意欲が低い。
・動かそうとする部下との日常的な話し合いが不足しており、部下の抱える仕事の状況を把握していないために、部下の能力を引き出すことができない。
・部下を一人の人間として尊重する姿勢に欠けるため、部下のロイヤルティ、やる気を削いでしまっている。

マネジメントに求められるコミュニケーションは、1対マスのコミュニケーションがベースであるが、それに加えて1対1のコミュニケーションもまた密接に取ることも求められる。優先順位付けに長け、自分の言葉で、チーム全体に向かって、また個々人に向かって論理的に語り掛ける才覚が求められる。

その上で、一にも二にも必要なのがやはり「人間力」だ。「人間力」は、人を動かす上で重要なファクターだ。なぜならば、人は「人間力」のある人を尊敬し、信頼できる人物とみなすからだ。これは、権限や立場などとは比べようもない力ということができる。

「人間力」があるリーダーは、何をなすべきかという軸足が明確で、言うことがぶれない。そして包容力があり、自分のことをわかってくれていると思われるものだ。人にはそれぞれ個性があるということを知っている。だから、それぞれの役割をうまく決めてくれる。

そうした信頼を得るためにも、日ごろから「人間力」を鍛えるとともに、本書で再三述べているように、傾聴と対話というコミュニケーションに力を入れ、日頃から部下との信頼関係をつくる努力を行い、チームメンバーの成果やチームに対するコミットメントを高めておく必要がある。

人間を知ることの大切さが、ビジネスでは不可欠であり、リーダーシップは、「コミュニケーション」に尽きるともいえる。

マネジメントにとっては、部下に仕事をさせることが役割責任であるが、任される部下に納得感が高い状況でなければ、効率は上がらない。そこに必要なのは、当然、私利私欲ではなく、少し大げさに言えば、顧客起点、そしてビジョンの実現のため、また志の実現のためという大義だ。それさえあれば、仕事を指示される部下は意気に感じるはずだ。

そうしたことも含めて、人はリーダーや上司に「人間力」を感じるものだ。「人間力」のあるマネジメントからの依頼であれば、「仲間と認められたい」「素晴らしい取り組みに自分たちも関わりたい」「働きぶりを認められたい」という気持ちが芽生えるからだ。そうした納得感が高ければ、自立心も強くなり、自律的な行動が生まれ、周囲に対して好ましい影響を皆が与えるようになり、組織がさらに活性化するはずだ。

3 マネジメントにとって重要な「事業構想力」とは

マネジメントは人財を育成し、組織にいい影響を与えると共に、当然、そうした組織、人財を駆使して、事業を成功に導いていかなければいけない。事業を成功させるためにまず必要となるのが「事業構想力」だ。いかに正しく事業を構想し、そのための準備をしていくかが求められる。

ここでは、そのためのポイントにも言及しておく。

一．事業構想「目的」の明確化

事業の責任者として、「事業の使命を実現するために、「何を」目指すのか、たとえば「収益性の向上」「マーケットシェアの伸張」「新規ビジネスへの参入」「グローバル戦略の拡大」

といった戦略課題を明確化する。

幅広い視野と中長期の視点から、全社最適に立って柔軟な発想で新しい事業のモデルを構想する。

何故、取り組むのか「ビジョン」を論理的に語り、他部門にも働きかけ、巻き込み、実現する必要がある。もちろん、「ＳＤＧｓ」（持続可能な開発目標）の考えに基づき、会社の事業の特性を活かして、**社会的課題の解決に取り組み、事業を持続的に成長**させることも重要だ。

二．中長期の投資計画

事業の中長期の「あるべき姿」と単年度業績とのバランスを考え、事業の戦略的な方向性を説明し、重要なポイントは何かを共有する。

・事業構想の内容と会社のビジョンとの整合性を検証する。
・中期経営計画における投資計画の優先順位、成長率、投資効率（ＲＯＩ）を考える。
・事業別の成長期、発展期、成熟期、衰退期の「投資計画」の戦略ウエイトを明確にする。
・5～10年先を見越して、どの事業に戦略的に投資するべきかを意思決定する。

三. 事業セグメント別のマーケット分析

現状の組織のコンピタンス、事業を取り巻く市場環境の変化、中期経営計画とのギャップおよび、ボトルネックをきちんと把握する。

「テーマ」の仮説に基づき、顧客のニーズに応えるための価値ある必要な情報は何か、先を読み、次の一手をどこにおくのかを考える。

・現在、将来の市場トレンドを分析する。
・製品の需要・成長性・価格の動向を分析し、見極める。
・既存の主要顧客、新規顧客を予測する。
・現在、将来の競合状況を分析する。
・事業セグメント別のマーケット分析に基づき、何をしたいのか、どうなりたいのかを描き、「戦略仮説」を立てる。

四. 事業構想を描く Pros（＋）, Cons（−）を明確化

中長期の視点で、先見性を持って、新規事業の構想を考える。変化を恐れずに、固定観念を打破し、スピード感を持って、自らも変革する。経営として、状況を客観的に分析し、

近視眼的に短期的な成果を求めないようにする。また、市場、商品、技術のロードマップとマイルストーンを設定し、ゴールを明確化する。

緻密に計画を立案、実行するよりも、**変化に柔軟にスピード感**を持って実験を繰り返し、事業の目標を達成する。また、顧客から言われたことをやるのではなく、顧客に気づきを与え、顧客価値を高め、提供する。

・事業提案内容のグランドデザインを作成する。
・各年のC／F分析（新規事業の投資効率を分析する）。
・「現在の事業の維持」と「新規事業」を比較する。
・事業の現在の「強み」、「新しい事業価値」づくりを明確にする。

五．事業のリスク分析を徹底する

経営上のリスクをミニマイズするために、先見力を研ぎ澄ませ、潜在的なリスクを分析し、リスクマネジメントを行う。

自分なりの成功体験に基づく事業観を有している場合は、ネガティブ情報を無視し、リスクの兆候を見逃すことがある。その為にも、**先入観、バイアスを極力無くし**、事業環境の変化に伴う市場の変化をよく見る必要がある。

社会的責任を果たすために、「コンプライアンス」に対する意識を組織に浸透させる。また、事業環境の変化に耐える「コンティンジェンシー・プラン」を予め設定し、準備することも必要だ。
・事業投資計画の変動要因とインパクトを予測する。
・製品需要量の変動（顧客・市場、競合の動向）。
・製品価格の変動（市場の需要と供給のバランス、差異化、技術イノベーション）。
・収益コストの変動（人件費、原材料価格、気候変動、事業リスク、経済状況）。

六．事業計画の検証（Post mortem）

事業価値の最大化、将来「キャッシュフロー」を拡大するためにとるべき実行計画を短期、中長期に区分し、考える。

新規事業の投資計画実施後の成果を全社最適で、中長期的な視点から検証し、判断・意思決定の教訓を抽出し、次の意思決定に活かす。
・「プロジェクトチーム」を組織化し、役割責任分担を明確にする。

・どのような人財が必要か、必要人財は社内にいるのか、グループ会社全体の支援を要請する。
・「成功、未達成」事業を検証し、改善すべき点を明確にする。
・改善すべきことを検証し、組織として事業価値を高める。

七．経営会議への答申、承認

社会、顧客のために役に立つ経営目標（事業の使命）を全社最適に立って考え、戦略方針、実行計画を決定する。
・役員会（経営会議）「報告書」に決裁内容の詳細である目的、戦略方針、中長期の数値目標（KPI）、成功要因（KFS）、改革内容を明確化し、提案する。
・マネジメントとして、事業に対する「思い」、目的を論理的に経営目線の視点から説明する。
・役員会でスムースな承認を得るために、経営会議の議事録の質問内容を踏まえて、最終提案を行い、決裁を得る。
・答申内容の「MUST情報」（提案・承認フォーマット）を確認する。

第6章

グローバルリーダーの要件（インテグリティ）

1　インテグリティ（Integrity）は、人間力である

インテグリティとは、会社・組織のため、個人として、正直さ、誠実性、倫理に基づく、共通の価値観としてのルールと行動を意味する。

「何の」ために仕事を行うのか、動機づけの要因は何か、地位、金銭的報酬のためなのか。それとも、社会や顧客のために役立つことなのか。

そうした価値観に基づき行動することが、個人のモチベーションの向上につながる。その点で勇気・覚悟をもって行動できる人は、会社に依存せずに自立的に行動できる人と言える。自らの信念に基づき、個人的な価値観を大切にするからだ。

当然、人としての価値観を明確に有していることは、成功するマネジメントの要件でもある。変化を嫌い、安定・安心を求めるのか、変化に挑戦し、解決策を実行し、成長するのか。当然、変化にプロアクティブに挑戦する人がチェンジエージェントとして、成果を出すことができる。

ここで言う価値観のベースがインテグリティ（誠実、倫理）だ。この要件は、特にグロ

ーバルビジネスに求められる重要な資質である。マネジメント人財の採用のプロファイルにおいても、誠実、高潔、知性、活力を有することが要件とされるのが一般的だ。また、インテグリティマネジメントを、企業理念や行動基準として明確に取り入れる企業も多い。

インテグリティを有していない人は、グローバルビジネスにおいて人間として信用されない。

トップマネジメント自らが、誠実さ、高潔さを組織文化に定着させるためにコミットメントすることが求められる時代である。日本企業においてもグローバル化の進展とともに、行動指針にインテグリティを取り入れられているケースが多くある。

たとえば、第一三共では、法令規則、個人行動の原則を遵守し**誠実さ**と高い規範を持つことを行動基準にしている。

三井住友海上では、五つの行動指針（バリュー）の中で、あらゆる場面で、あらゆる人に**誠実**、親切、公平、公正に接すると表明している。

伊藤忠商事では、Values の中で、先見性など5項目の中に**誠実**（**Integrity**）、約束を守り裏表のない行動、高い倫理性が明確に記載されている。

このような価値観を共有し、多様性の広がりを受け入れ、文化、歴史、慣習、宗教の異なる国、地域の企業グループ間相互が肯定的な姿勢で行動することが重視される時代なのである。コンプライアンスを超えて、規律の遵守と行動の一貫性として、社内の共通の価値基準として、インテグリティを企業の価値観、行動指針に取り入れ共有する企業が増えている。グローバルビジネスにおいては、価値観の共有以外に、共通認識を持って見る正しい見方は存在しないとさえ言える。

2 コンフリクトマネジメントの視点

グローバルの視点とローカルの視点とのギャップによって、コンフリクト（葛藤）が起こることも少なくない。現場の描く優先順位や戦略が本社の方針、意向に合わないことで、コンフリクトは生じる。

リーダーは、従来のAかBかの二者択一の議論ではなく、どうすれば両方の視点をいかせるのか、グローバルとローカルのニーズのバランスをどのようにとることができるのかに対処する必要がある。

場合によって、本社が現地、現場の事情をわからず、杓子定規に統一した戦略にこだわるということもあるだろうが、基本的には、本社の指示内容に基づき、行動することが肝要だ。なぜならば、本社とのコンフリクトは現場にとって不利だ。そうした状況が続くと、部下のやる気にも影響を与えるからだ。

現実に合わせて妥協することを日本では美徳と考えがちだが、過度な同調、共感はグローバルビジネスでは通用しないし、説得力に欠けることになる。異文化間のコミュニケーションには、文化、慣習が大きく影響するために、価値観、働き方を把握し、理解していないと、海外現地法人の社員と出向日本人とのコミュニケーションにおいて、コンフリクトが発生するという面もある。

とは言え、現場の状況を把握せずに、トップダウンにより、日本的なマネジメントスタイルで真面目に実行すると、往々にして「バリア」に直面することになる。本来、国・地域の法規制、ルール、さらには文化や商習慣に基づき、事業をどのように行うのかを決め込む必要があるのもまた事実だ。

3　マネジメントチームの長所は何か

マネジメントチームは、異なった個性の組み合わせ（タイプ）により、経営チームの「相乗効果」を発揮することができる。ただそこで重要なことは、目指すベクトル（方向）を一致させ、一丸となってやる体制かどうかだ。

グローバル企業の「マネジメントチーム」は、優秀な少人数のマネジメントにより意思決定を行い、重要な「強み」を生み出す。反面、日本企業は、多くの優秀な人財によって合意形成（コンセンサス）し、戦略を実行する。そのため、よく言われるように時間がかかる。

4　マネジメントに求められる資質はどのようなものか

マネジメントには、特定の領域に関する専門能力と経験を有する人財であることが求められるが、それればかりに頼ると、優秀なリーダーとはなれない。会社のミッション、ビジョン、バリューに共感し、成功へのパッションを持って行動することが求められることを、本書で力説している。何よりも「人間力」を磨くことが重要だ。

その上で、

・会社、事業を取り巻く市場の環境、競合の状況、会社の強み、弱みを理解する。
・中長期的な視点での将来の事業のビジョンを創り、メンバーに期待する行動を示す。
・的確に事業のリスクとリターンを評価し、判断し、意思決定する。
・人材の多様性を積極的に推進するコミットメントを有している。
・部下の潜在的な能力である強みを引き出し、発揮させることにコミットメントする。
・最終責任者として正直、誠実さを有し、自らが覚悟を持って困難から逃げずに責任を遂行する。

繰り返すが、グローバルビジネスにおいて、誠実さと信頼を意味するインテグリティは、基本的な価値観であり、最も重要な考えである。

また、組織の基本的な行動基準を認識した上で、自尊心を持ち、倫理観を持った、高潔で、誠実な行動をすることが求められる。インテグリティは、その趣旨を実践行動につなげなければ意味がない。

グローバルな視点で物事を考え、優れた対人関係能力（Interpersonal Relationship）、EQ（心の知能指数）を武器に、知的好奇心を持って行動することが肝要だ。

マネジメントには、情熱（Passion）を持続させ、エネルギーを維持すること。正直、誠実さ（Integrity & Honesty）により、公正を期す（Fairness）ことが求められる。マネジメントの本質は、しんどいことを部下と共に楽しく行うことだとも言える。だから、人財育成のためにも、仕事の権限を積極的に部下に委譲することが肝要となる。時には、グローバルビジネスの経験値を高めるように異なった仕事を経験させることも、部下の人財育成につながる。

マネジメントは、感情をコントロールする必要がある。たとえば「怒る」という行為は、相手の立場に立って考えるのではなく、自らの「感情的」行動であり、憎しみと不信を生むことになる。アルフレッドマーシャルの〝Cool heads, but warm hearts〟という言葉が有名だが、これは問題に向き合い、数字目標を達成し、成果を出してこそ言える言葉でもある。

5　オープンコミュニケーションを促進する

グローバルという視点に立てば、日本のように共有体験、価値観に基づき、お互い相手の意図を察し合い、なんとなく通じるハイコンテクスト文化ではなく、欧米のように「ローコンテクスト文化」の相手にもわかるように、自らの考え、意見を論理的に言葉にして伝える努力やスキルが求められる。日本人の不得意なことであるが、何を伝えたいのか、何を伝えるべきなのかについて、論理的に内容を整理し、伝えるコミュニケーション能力が必要となる。

相手の文化、習慣、宗教、歴史を調べ、学び、理解して、多様性を受容することが大切だが、自らの軸を失ってしまっては本末転倒だ。あくまでも日本人としてのアイデンティティの明確化が、コミュニケーションをよりスムースにすることにつながる。

マネジメントは、文化、価値観の違いによるコミュニケーションのギャップから生まれる初期段階のコンフリクトを理解し、多様性を受容できる「グローバルマインドセット」を有しているかが問われる。

マネジメントとしてまず大切なことは、各々の国の文化・宗教・習慣・言語を理解する努力により、「障壁」(バリア)をなくすことだ。その上でマネジメントは、インテグリティ、コンプライアンス、事業の持続性、上場企業であれば企業価値を高めるために「SDGs」(持続可能な開発目標)、ESG(環境、社会、ガバナンス)の方針を組織に浸透させる努力を惜しんではいけない。

そこでも重要なのがコミュニケーション能力だ。これが乏しいと、相手の価値観を理解することもかなわない。個人のスタイルで100%実行できるルールとか従来のやり方・考えは不要だ。その上で行動する。行動をしなければ意味がない。何もしないで機会を失うよりも、挑戦し、達成度が低い方がまだ好ましいと私は思う。

そもそも部下の話を聞かない、新しいことを学ばない、謙虚さに欠けるようなマネジメントスタイルはグローバルビジネスでは通用しない。だからこそコミュニケーション上の障壁(バリア)をどのようにして取り除くかを、強く意図して行動する必要がある。

成功しているグローバル企業は、組織内のバリアを取り除くオープンコミュニケーションの仕組みを工夫し、取り入れている。「なぜ反対するのか」「伝わらないのか」「なぜ売れないのか」を問う前に、マネジメントとしてやるべきことをやっているか、やり切っているかを自らに問うてほしい。

グローバルビジネスにおいては往々にして、その人に任された仕事に対しては自立的に役割・責任を遂行し、成果に対して「コミットメント」することが当然とされ、マメに「報連相」は求めない。報連相は、営業活動支援のＩＴシステム等が社内に導入され、スピードが求められる状況では、オーバーコミュニケーションとさえ言われかねない。

そのためマネジメントは、現地法人を訪問し、短時間で信頼関係づくりを行う必要がある。伝える言葉のインパクトが求められる。さらに、瞬時に状況を把握する力も求められる。年に数回しかその機会はないので、１にも２にも、高度なコミュニケーション能力が求められるのだ。

6　リーダーに求められる柔軟性

リーダーには、一貫性のある言動でぶれないことが求められる。戦略方針（Ｗｈａｔ）には、一貫性が求められるが、市場の特性・環境・文化・慣習に応じて〝Ｈｏｗ〟を柔軟に考え、実行する必要がある。リーダーは、相矛盾する課題をかかえながら絶えず「パラドックス」に直面している。安定性や確実性ではなく、変化を受け入れ対処する。さらに言えば、特にグローバルビジネスにおいては、最後まで課題から逃げずに信頼できる人物であるかが見られる。

また戦略・方針を実行する人財がどこに存在するのかを見極め、中長期の視点で組織づくりを行うことが求められている。

グローバルビジネスにおいては、信頼されることが変わらず重要ではあるが、親分子分といった関係は基本的に存在しない。面倒見のいい兄貴肌や、単なるナイスガイでは通用しない。計画、目標通りに「実行」し、成果を出すことが必要だ。

事業環境が変化するＶＵＣＡの時代においては、臨機応変に柔軟に対処する**しなやかさとレジリエンス**が求められる。

7　文化、価値観、慣習の理解不足による障壁の発生

「数字目標の達成にこだわる」という思いばかりが強く、結果的に、海外現地法人の社員の仕事のやり方は何も考えておらず、業務の些細な内容に首を突っ込み、マイクロマネジ

メントを行ってしまうようでは、「人間力」はどこかに置き忘れてしまったと言われても仕方がない。

組織内で目標を共有できていなければ、会社の業績改善の方針に対しても、社員は危機感を持たず、自立的に考え行動するようにならないので、結局「自分でやった方が早い」となり、すべてをトップダウンで行うことになってしまうかもしれない。直面する困難を「気合と根性」の精神論で解決しようとしても社員には通用しない。自己犠牲をしてまで、仕事をしてくれる人は非常に稀である。

働き方改革の時代であるが、日本人は顧客に対して誠実であり、仕事に対して最善を尽くすという考えにより、多少の無理をしても仕事を行うことがあるが、このような「日本人的な誠実さ」は「海外現地法人の社員の誠実さ」とは異なる。どちらが正しい、悪いという話ではなく、単純に、文化、価値観、慣習が異なるということである。

組織を管理するのに、マネジメントによるトップダウンだけでは限界があるわけだ。そうした状況では、新規の業務を受注しても、どこかで物理的にマネジメントが機能せずに壁にぶち当たることになる。

そこで必要になるのは、業務の標準化であり、ルール・マニュアルの整備だ。それができれば、管理職も価値観の異なる現地社員も、ある程度、仕事の可視化・具体化により、同じレベルの理解ができる。こうした「マニュアル化」と、「信頼関係」の両輪がうまく機能すれば、組織は業務改善に向けて良い回転で動き始めるものだ。

日本の組織では、信頼関係に重きを置くあまり、標準化・マニュアル化が進展しないので、アンバランスが生じることが多い。人と人のつながりの構築をベースに、上司として信頼されるには時間がかかるが、第一に、現地の文化・価値観・慣習の理解および社員と仕事内容の面談を通じて話し合い、部門の方針や目標を共有することで、「マネジメント」としての役割・責任を果たす必要がある。

またインテグリティも難しくとらえるのではなく、顧客、従業員の立場に立って誠実に物事を考え、現地の文化および価値観・慣習を理解し、対応することが大切である。誠実さや倫理観の普遍的な価値観である**インテグリティ**は、異文化の人々が一つのチームとして働く上で、大変重要な**コア・バリュー**としての行動基準なのだ。

第7章
「人間力」をどのような局面で発揮するのか

1 「人間力」が求められるのは、どのような状況なのだろうか

マネジメントとして、「人間力」が求められるのは、特定の局面ではなく、組織を統率し、リードするあらゆる場面だ。

「人間力」とは、その時の立ち居振る舞いでごまかせるものではなく、過去から現在までの言動および将来に対する考えを含めて形成されるものである。すなわち、「人間力」を高めるためには、普段の行動が重要で、それが社会・顧客・部下の役に立つ行動でなければならない。

今回のような新型コロナのニューノーマルの状況においては、人と人のつながりを大切にし、効率よりも**「レジリエンス」を高める経営**が求められる。

また、平時、有事いずれの場合であっても、何かを推し進めるためには、周りの人に働きかけ、巻き込んでいかなければならない。トップダウンで同じ方向にベクトルを合わすのか、ボトムアップで対応するのか、その合わせ技なのかは、状況とマネジメントの人柄や「人間力」に大きく左右される。

図9 「人間力」の発揮

「有事」の対応

- 危機管理の対応能力を発揮する
- 不測の事態に備え，「BCP」（事業継続計画）を準備し，代替案を実行する
- 「スピード感」を持って，「リスク」を最小化する
- 危機対応のベクトルを一致させ，行動する
- 危機から立ち上がる「レジリエンス」（しなやかさ，復元力）を発揮する

「平時」の対応

- 「ビジョン」を共有し，実現への道筋を示す
- 中長期の事業戦略を策定し，実行する
- 現状維持の考えを打破し，変革する
- 事業に対し，「着眼大局，着手小局」で大きく捉え，細心の注意を払う
- 最悪の事態を想定して，最善の行動をとる
- 思い込み，バイアスに捉われずに，物事を判断，決定する

経営者の矜持

- 「レジリエンス」を高める経営により，回復力を発揮させる
- 客観的事実・データに基づき，危機の状況を把握し，的確に判断・決断する
- 問題に対する的確な洞察力と冷静な判断により，最善の選択をする
- 困難から逃げずに，ノブレス・オブリージュとして行動する

「覚悟」

- 「ビジョン」を示し，事業の使命を実現する
- リーダーシップを発揮し，組織・人に影響力を与える
- 個別の状況に対応し，的確に判断，指示する
- 温かい心で人に接し，真摯に対応する
- 些細な依頼ごとでも厭わず，「誠実」に対応する

「信念」

そこで、マネジメントに「人間力」が求められるのはどのような状況なのかを問い掛けると、イメージしやすいだろう。「困難な危機的な状況に直面したとき」にこそ、「人間力」が必要であるとコメントされることが多いが、それだけでは足りない。

平時・有事における図9「人間力の発揮」を参考にして下さい。

2　平時のときにこそ「人間力」を発揮する必要がある

平時においては、将来の事業の「あるべき姿」であるビジョンを再考し、その実現のための戦略課題を明確にし、組織の改革の方向性を示し、従来の仕事のやり方ではなく新しい事業に対する取り組みを提案し、事業の成果を出す必要があるだろう。

しかし平時には、そうは言ってもなかなか思い切った改革の手が打てないものだ。確かに、平時の戦術のベースは現状追認であることは間違いないだろう。また「有事」（リスク）が起こらないように、市場・業績状況・コンプライアンスにも気を配り、事業の低迷、リスクの発生等、不測の事態が発生しないように情報を共有し、リスクマネジメントを徹底する必要もある。

しかし、平時はいつか終わる。右肩上がりの状況は長く続かない。その時に備えることを忘れた組織の寿命は短い。

それと同じように、中長期のスパンで事業の成果を考え、「人間力」を発揮するマネジメントは、事業に対する「思い」や「内面的なもの」を重視するものであり、目に見えにくいために、ややもすると平時においては他者から理解されにくいのは事実だ。

なぜそのような発想になるのか、日常のビジネスにおいては、「成果」が求められ、業務そのものが短期的な目前の業務を中心に回ってしまっているからだ。

平時におけるマネジメントの「人間力」の発揮は、部下のやる気を高め、組織力を向上するために欠かせないものだが、そのような行動は、ややもすると周囲からも見えにくく、評価されにくい。しかし、そうした平時のマネジメントにおける「人間力」の発揮こそ、組織にとって事業価値を高める上で非常に重要なものなのだ。そのためには、「志」の高さや「信念」ある行動が求められ、温かい心で人に接し、部下からの相談においても先入観にとらわれず、よく話を聞く必要がある。

そのことを忘れないためにも、平時におけるマネジメントの心得として、左記を心に留めていただきたい。

・平時だからこそ事業に対する「信念」が求められる。
・「ビジョン」を共有し、実現への道筋を示す。
・中長期の事業戦略を策定し、組織のパラダイムを変革する。
・思い込み、先入観に捉われずに、物事を判断・決定する。

・「着眼大局、着手小局」で物事を大局的に捉え、細心の注意を払う。
・最悪の事態を想定し、最善の行動をとる。
・リーダーシップを発揮し、組織・人に影響力を発揮する。
・温かい心で人に接し真摯に対応する。
・些細な依頼ごとでも厭わず、「誠実」に対応する。

3 有事対応における「人間力」発揮はいかなるものか

もちろん有事の際には、リーダーとして「覚悟」を持って行動することが求められる。「レジリエンス」を高める経営により、〝ディスタンス〟という新たな価値観の変化に対応し、思考・行動を変化させるしなやかさと復元力が求められる。

マネジメントは危機に直面したとき、覚悟をもって的確に方向性を指示し、チームのメンバーが安心して働けるようにする必要がある。その際にも「人間力」は必要だ。

たとえば、事業が低迷し、組織が厳しい状況にあるときや、不測の事態が発生し、危機に陥り、組織が困難な局面に直面したときなどだ。

また、事業の撤退、事業の再構築を行う場面では、不測の事態、トラブルの発生、事業運営のリスクに対応することが求められる。

不条理な結果を招くことが予測されるときは、リスクの大きさを算定し、的確な決断により、人・組織をまとめ、一体感を持って取り組み実行する必要がある。

ガバナンスやコンプライアンスの問題が発生したときは、困難な局面に覚悟を持って立ち向かい、解決する気概が求められる。問題解決のための的確な洞察力と行動のスピードが要求される。そのためにも、危機対応のリーダーに「情報と権限」を集中し、組織全体で一体感を持って行動し、対応する。

そうした「有事」のときも、リーダーとして冷静に、慌てず、騒がず、動揺しない「泰然自若」の姿勢で対処する必要がある。それもまた「人間力」の真骨頂だろう。

また、目的およびゴールを全員が共有し、決断力とスピード感のある組織運営が求められる。人間的に周囲から信頼・尊敬されていないと、いざというときに衆知が集まらず、結果として場当たり的な状況対応により、思わぬ失敗を招くことになる。

4 「有事」（クライシス）の対応

・困難から逃げずに、「ノブレス・オブリージュ」としての責任を果たす。
・「危機管理対応能力」を発揮し、組織として共有する。
・組織のベクトルを一致させ、問題解決にスピーディに対応する。
・最悪の状況を想定し、リスクを把握し、最小化するよう計画する。
・覚悟が試される局面であり、マネジメントとして的確な判断・決断力が求められる。
・問題に対する的確な洞察力と冷静な判断により、決断する。

マネジメントとして人間力が求められる状況をより深く理解し、行動するために、次章では「人間力」発揮の場面とマネジメント行動を「事例」ごとに深堀りし、修得するようにしてほしい。

第8章

「人間力」発揮の場面とマネジメント行動

1　人間力は、あらゆる場面で求められる

この章では、マネジメントの方々が経営現場において、日常的に遭遇する七つの事例を通して、人間力についての理解を深めていただきたいと思う。「人間力」を発揮すべき時はどのような局面なのかを身近に感じていただき、マネジメントとして「人間力」をどのように身につけ、発揮すべきなのかを学んでほしい。

なぜマネジメントに人間力が求められるのか、人間力を発揮するために何が必要なのかを一緒に考えてみよう。

また、合わせて巻末の「人間力を高めるチェックリスト」も参照してほしい。

マネジメントは日々、多様な選択肢の中から意思決定を行うものだが、この人が決定したことだから間違いないと思ってもらえるためにも「人望」が求められる。また、利害の対立する問題を解決するにあたっては、目的、その判断に至った経緯、背景をきちんと説明し、協働行動しやすいように納得性を高める必要がある。

会社が窮地の局面において、リーダーとして先頭に立って真正面から立ち向かい、「あい

つは逃げない」と周囲の人から信頼されることにより、一体感をつくり出す。想定外の問題が発生した際には、まず「正確な事実の把握」を急ぎ、優先課題を明確にし、「スピード感」を持って対応することが大切だ。

マネジメントの最も重要な仕事は、**「判断・意思決定」**である。限られた情報に基づき、「仮説」を立て、決断するのが役割だ。また、マネジメントとして、**全社最適の視点**に立って、決断するという立場も忘れないでほしい。

トラブル発生の場合、部下が仕事で困っているときにこそ、上司の「器」の大きさが問われる。「成果」は、実行した部下の手柄であり、「失敗」は、マネジメントの管理責任であると認識することも重要だろう。

マネジメントの日常の言動を社内外の各層の人が見ており、日々の言動にその人の人間性が表れる。部下の意見にも耳を傾け、自らの考えに不足している点を補う「器」の大きさが問われる。「人間力」は、特定の局面だけではなく、業務を遂行するあらゆる場面で求められる。この人と一緒に働きたいと感じられる人間的魅力があるかないかだ。

事例1　事業・組織を変革するとき

今まで長年やってきた仕事のやり方を変える決断を行い、事業の将来の姿を見据えて組織の変革をリードする必要に迫られることがある。

そうしたときは、組織のビジョン、**中長期の「あるべき姿」**、方向性を示し、目標達成に向けて全社一丸となって取り組むように組織、人に対し、動機付けを行う必要がある。

こうした場合には、会社の目指す方向へ組織を動かすために、マネジメントの社内外へ発信する戦略的な方向性が必要だ。将来のあるべき姿は、ボトムアップでは決まらないので、トップダウンにより、マネジメントが決定すべきものである。

また、多様な選択肢の中から意思決定し、組織全体で取り組むためには、目指すべき将来の方向性、経営目標の「あるべき姿」を情熱を持って語り、この人が決定したことだから間違いないと思ってもらえるためにも「人望」が必要となる。

チームメンバー、社員、ビジネスパートナーに対して、利害の対立する問題を解決するにあたっては、目的、その判断に至った経緯、背景をきちんと説明し、協働行動しやすいように納得性を高めることも重要だ。

ただし、現状を変えるには「組織の慣性」という「カベ」を乗り超えなければならない。マネジメントには常に「説明責任」が求められ、説明できないことはしないという行動の基準や倫理性が求められることを忘れないでほしい。


マネジメント行動の視点　事業を取り巻く環境の変化に伴い、現状のやり方でいいのかを自問自答し、自らの限界の壁をつくらない。

そのためにも当たり前と思っている現在の「常識」を疑い、現状維持のバイアスを見直し、判断行動を変化させる。

マネジメントとして、会社、事業を将来このようにしていきたいという「ビジョン」を示す。そのためには、社員やチームメンバーに、現在の働き方をこのように改革してほしいという中期経営計画の目標を明確に示し、現状との「差」（ギャップ）を伝える必要がある。その際に、率先垂範で行動し、筋道を示すことも重要だ。

変革の目的は何か、「なりたい姿」は何かを事業目線で考え、何が重要なのか本質を見極め、伝えることは決して簡単ではない。それでも、私たちの「事業の使命」は何かを共有し、周囲を巻き込み、**事業の使命の実現**と成果の達成に結びつけることが求められる。

また、どこにリスクがあるのか、それはどの程度のものかを予測し対処することも重要だ。事業の強み、機会を考え、誰を変革のキーマンにするのか検討し、人材を配置する。現場に寄り添い、部下の意見にも耳を傾け、状況を把握するように努力する。事業を成長させるために、現状の仕事のやり方、進め方の課題を部下と話し合い共有する。

事例2　会社が危機、窮地に陥ったとき

事業戦略の失敗、売上の不振による経営のリスク、コンプライアンス違反により、会社が逆境に陥り、経営危機に直面したときに、マネジメントの対応能力、経営のガバナンスが問われる。コンプライアンス違反のような何らかのルール、社会的な倫理に反していることが問われ、会社が危機に陥ったときには、危機管理への的確な対処が求められる。

現場情報の収集・分析、全体の状況掌握および具体的な行動の指示、トップへの報告など、限られた時間内で的確に判断、行動し、意思決定を行わなければならない。

事業の本質的な問題を議論せずに、「組織の常識」という不合理なしがらみを断ち切れず

に経営不振により、経営危機をもたらすケースが多い。

マネジメントの真価が問われるのは、このように危急、逆境にあるときの対応であり、その「人物の襟度《きんど》」を看ることができる。つまりは難局に立ち向かい、「あいつは逃げない」と思ってもらえるかどうかだ。事業の推進において、大きな課題や難題が発生したときや、事業としての正念場を迎えた時に、リーダーとして先頭に立って真正面から立ち向かう姿勢を示し、取り組みができるかどうかである。

周囲からの信頼が厚いと、今までのしがらみを断ち切るために、思い切った決断と実行ができるかが問われる。すなわち、「この人を信じれば何とかなる」と思われない限り、人は安心してついてこないのである。

マネジメント行動の視点

前任者が下した経営判断であっても、言い訳、見苦しい発言を控える。経営の責任として覚悟を持って方針を決定し、対応することが求められる。

組織が逆境にあるときにこそ、今まで取り組めなかった事業の改革案を示し、チームメンバーや社員を鼓舞する。マネジメントが、会社の危機に対し、どのような態度をとるかで、組織で働く人々の「やる気」に影響を与えることになる。

危機に際しては、落ち着いて動じない**「泰然自若」の心構え**で、的確に初動の対応策を決定し、具体的にスピード感を持って行動を指示できるように平常心で対応する。そのためには、意思決定をぶれずに一貫した考えで行う「器」の大きさが求められる。

会社が窮地に陥った時にこそ、粘り強く、組織の方向性を前向きに語る必要がある。また、自分の経験や直感にこだわらず、衆知を集め、事に対処するために、異なった意見・考えも聞き、**「想定最悪、行動最善」**に基づき、問題解決策を話し合い実行する。

意思決定の内容は、論理的にわかりやすく、関係者の納得性を高め、スピード感を持って行動できるように具体的に指示することが必要だ。取るべき意思決定は、緊急を要しながらも、感情的にならず、理性的に「沈着冷静」に素早く的確に指示を出す。

マネジメントとしての「覚悟」の姿勢が組織の一体感を高め、困難に立ち向かう社員の意識を高めることになる。

事例3　製品の品質問題が発生し、問題に対応する

顧客からの受託業務のトラブルや製品の品質の不具合など、想定外の問題が発生した時

の問題解決の対応においては、事実の的確な把握に基づき、スピーディで誠実な行動が求められる。

製品の品質問題が発生し、その製品は工業用途に使われ、工具形状が加工品質に直接影響を与え、そのまま加工に用いると、加工対象の製品を凹ませてしまう。

たった1件のお客様からのお問い合わせであっても、それが重大な製品の不良問題につながる。

「なぜ、問題が起こったのか、いつからその問題が起こっていたのか、出荷済みの製品はどのくらいなのか、在庫商品はどうなっているのか、そもそも問題の本質的な原因は何なのか。」今までお取引頂いているお客様から製品の信頼を失い、企業のイメージダウンになり、業績に大きな影響を与える。想像しただけで背筋が凍りつく内容である。

事業責任者として、すぐさま担当取締役である副社長に問題の状況を報告し、お詫びを行った。

製品に不具合があり、このままではお客様に多大なるご迷惑をかけ、影響が広がり、リスクが拡大する。

トラブルが発生した場合には、全社最適の視点から、対応策をどうするのかを冷静に判断、意思決定するのが、マネジメントの役割責任である。

トラブルや問題が発生すると、責任の所在を追及し、部下を叱ったり、責めたりしがちである。また、いたずらに事を大きくしてしまい、悪いことが発生すると人のせいにしたくなるのが人情かもしれないが、問題を担当部署に押し付けたりせずに解決策を即断即決し、協力し対応する。

マネジメントは、信念を持ってトラブルに対処することが求められるが、状況に応じて柔軟な発想により、**トラブルの最小化と収束の道筋**を描く必要もある。

一方、問題の原因は、曖昧にせずに究明し、再発防止につなげる。問題解決の対応内容は、**顧客価値を高める**納得性の高いものが求められる。

上司の副社長に報告すると、「そうか。そういうことも事業には起こる。」と、にこやかに反応されて、少し間をおいたあと、即断即決にて指示を出された。

受注停止、出荷停止し、お客様には同等品か上位品での交換に応じる、即刻に原因究明と影響ロット範囲の特定、該当出荷時期の特定、当該時期に出荷したすべてのお客様にご連絡し、直接訪問し事情を説明することを指示された。

「現品回収と代替品提供」、Ｗｅｂサイトに品質問題の状況の掲載、委託先メーカーにも協力を依頼し、総出で在庫の全品検査、製造ラインを改修し、テスト出荷し、良品確認の上、受注を再開する。

「お客様の信用が第一である。ほかはすべてが終わってから。」

マネジメント行動の視点　何が緊急に処理すべき優先課題かを、社内外の関係者を巻き込み、スピード感を持って的確に判断し、行動する。顧客起点で、お客様の立場に立って、正直・誠実に対応し、誠意を持って**解決策を迅速に提案**し、信頼関係を維持することが肝要だろう。

この事例の事業責任者がとった行動のように、とにかくスピードを持ってトラブルの内容について、上司および関係者に報告する。報告は、事実と意見をわけて行う。遅い報告は判断を遅らせ、被害を拡大させるのみである。そして、決してそこから逃げるようなことはせずに、平常心を保って「実態」を正確に把握するために現場に出向き、事実を直接確認することを心掛ける。

なお、最悪の事態を想定しつつも過度に悲観的にならずに、上司の副社長のように、極力明るく振る舞い、責任は上司が負うことを示し、部下が勇気を持って、仕事ができるようにする。

ものづくりに関わるものとして「矜持」を持った素晴らしい行動である。

また、困難から逃げずに、知恵を絞り、さまざまな角度から最善最良の問題解決策を検討し、関係者を説得する。どのような結果でも責任を持ち、最善の選択をするのがマネジメントの役割である。

仕事は厳しいが、この会社はまともな会社だ、この副社長の部下のミスを許容する「器」の大きさに感動する。

リスクに直面したときに即断できて、部下の責は問わない、そういう「しんがり」の器を持ったマネジメントになりたいものである。

禍を転じて福となすというくらいの「度量」を備え、これを機会に仕事のやり方、進め方を見直し、改善することにつなげ、信頼を回復するのが器の大きさ＝度量というものであろう。

事例4　前例のない難しい判断・意思決定をする

マネジメントの最も重要な仕事は、**意思決定**である。物事を多角的、多面的に把握し、何を目的に行うのか、リスクは何か、何をしないのか、いつ、どのように実行するのかを考えた上での、的確な判断が求められる。

計画は想定内での推移が理想であるが、「仮説」が外れることもあり、事業運営を行っていると突発的な経営上のリスクも発生する。そのような状況での判断、意思決定こそ、マネジメントとしての真価が問われる仕事である。

新しいことに取り組む場合は、組織として経験していないため、「前例がないから無理だ」と思い込み、慎重を期してしまう。

また、判断の材料・情報が完全でなくても、Ｍｕｓｔ情報（絶対必要）とＷａｎｔ情報（あればより判断しやすい）を分類し、限られた情報をもとに決断するのがマネジメントの役割だ。不条理な結果を招くことがわかっているが、場合によっては、心情的に受け入れ難い選択をしなくてはいけないような状況であっても、事業の責任者としてスピード感を持って的確に決断することが求められる。

意見の集約が難しい局面、マネジメントとしてどのような態度で発言をするかで、組織の一体感に大きく影響する。判断ミスは許されないが、安易に問題を看過したり、意思決定を先延ばし、リスクを取らないと抱えている問題も大きくなる。先延ばしすることによるデメリットを回避することこそ、しなければいけないことだ。また、中途半端に意思決定をすると、結果的に問題を大きくすることになることが多い。困難がより大きくなるとわかっているからこそ、躊躇せずに最適と判断する選択を決断し、やり遂げることが事業および自らを成長させることになる。

マネジメント行動の視点

常に「沈着冷静」で動じないこと、会社の業績を考える上で、本当に重要なことは何なのか本質を見極め、真正面から課題に向き合う姿勢が求められる。

担当者の意見、情報を鵜呑みにすることがないように、自らの頭で考えて事実を確認する。周りの人の意見にも耳を傾け、スピード感のある結論を出し、実行に向けて何が大切なのかをよく話し合う。こうしたとき、人望のある人は、社内の各部署の人が日頃から相談しやすく、必然的に社内外の情報が集まりやすいので、状況、判断が的確になる。

全社で課題を解決する必要のある案件や大きな課題の案件ほど、素直な心で対応し、周囲の理解や協力を得やすくするものだ。前例がない難しい判断、意思決定を伴うものであるからこそ、取り組む価値がある。マネジメントとして、どれだけ事業に対する思い、情報を持っているかが問われる。また、組織として前例のないことに挑戦するためには、「社内の常識、前例、慣例」に照らして判断するのではなく、**世の中の常識、市場の変化に基づき、判断の基準を明確**にする必要がある。全社最適の視点に立って、マネジメントとして覚悟を持って現状を打破する決断を行うことが求められる。

何が問題なのか、どのような成果を期待するのか、判断、意思決定のポイントを明確にする。目的に基づき、決定内容が最善と考える根拠は何かを自問自答する。解決策の実行を確実にするための方策を明確にする。また、意思決定のリスクは何か、プラス面（Pros.）、マイナス面（Cons.）を整理し、あらかじめ想定する。

マネジメントとして現状の前提条件の常識を疑い、柔軟に発想し、論理だけではなく、自らの感受性に基づき決断する。完全はないのだと自分を信じて判断・意思決定を行う。

事例5　部下の失敗、困っていることに対応する

上司として、部下が困っていることへの対処にこそ「人間力」が求められる。部下目線で考え、状況を共有し、適切な助言ができるのかどうかが重要だからだ。トラブルが起きたとき、部下が困っているときに、上司の「器」の大きさが問われることになる。

往々にして、どのような原因で失敗が生じたのかをよく理解せずに、すぐに感情的になり怒ってしまい、部下にミスを叱責し、萎縮させてしまう上司がいる。また、解決策の立案についても、一番現場の業務の事情を知っているのは担当者だからと部下任せにし、明確な指示も出さない上司もいる。あるいは、会議などで部下の失敗報告に対しトップから苦言を呈された場合、一緒になって口車に乗る品格のない上司もいるが、会議の席上では部下をかばい、責任は上司が取らなければならない。それが鉄則だ。

部下が、失敗を報告に来るときは、表情、態度で大体わかるもので、なるべく笑顔で聞くように心掛ける。

まず、部下の報告内容を納得いくまでよく聞くことが第一だ。すでにリカバーできない

ことであれば、事後対策の助言を行う。なぜそうなったのか、今回の失敗で何が足りなかったのか、失敗を通じて学んだことを確認し、再発防止につなげる。

部下が失敗したときに、上司としてきちんと責任を取るべきであるが、部下の成長レベルに応じてどのように責任を取らせるのかを明確にし、仕事に対する責任感を高め、次の挑戦につなげるように動機付けを図ることも忘れてはいけない。これはあくまでも人材育成のための行動であって、懲罰などではない。信頼をベースに心底から信じる気概と、日常的に部下と根気よく対話するマネジメントの姿勢が、部下に安心感と信頼感を与えることになる。

マネジメント行動の視点

マネジメントは、組織の長として、部下の結果に対して責任を取る立場にある。前述したように、**成果は実行した部下の手柄、失敗はマネジメントとしての管理責任**である。

部下が直面している状況の事実関係を把握し、客観的な視点から判断を行い、対応策を決め、スピードを持って実行する。

さらに言えば、上司としては、もっと早い段階で問題発生の兆候（シグナル）を捉え、ミスの発生を防止することが求められる。日頃から一番言いたくないこと、気になっていること、困っていることを**報告、相談できるような雰囲気**をつくる。失敗の報告については、内容が不十分であっても、まずは部下の報告に対しねぎらう。また、追加で報告を依頼したり、判断すべきことがあれば、考えた上で、報告を行うように依頼する。ミスの発生はある意味、上司の失敗でもある。だからこそ部下を叱責するのではなく、間違いを検証し、原因を突きつめた上で再発防止策を一緒に考え、次に備えるのだ。部下に対しては、手を差し伸べ、包容力のある対応を行うことが肝要だ。

繰り返すが、上司として信頼されるためには、日頃から聴く耳を持っているということが重要だ。そのためにも普段からなんでも相談できる雰囲気や関係をつくることが大切である。部下が自信を失っている時にこそ、上司に相談して良かったと思えるような問題解決の糸口、異なった視点からの解決策のヒントを示す必要がある。

部下の「強み」「弱み」を日頃から良く理解し、的確に状況を把握し、判断指示を行う。部下の失敗に対して、**度量と寛容**を持って臨む上司の姿勢が部下のやる気を鼓舞し、勇気付けることになる。「最後は俺が責任をとる」と伝える。

事例6　立ち居振る舞いと日常の行動に求められるもの

日々の判断や言動にその人の人間性が表れるものだ。マネジメントの日常の言動は社内外の各層の人が見ていると思ったほうがいい。「人間力」とは、その時の立ち居振る舞いでごまかせるものでなく、過去から現在、未来にわたる考え方からくる言動で形成されるものだ。

マネジメントが、相手によって態度を変え、多忙を理由に部下の話をよく聞かずに否定から入るようではダメだ。部下に、上から目線での言葉遣いや態度により過剰なプレッシャーを与え、部下のやる気を下げることになる。

組織の業績が芳しくない状況であればこそ、反対にポジティブに明るく振る舞う必要がある。

マネジメントは、部下から何でも相談してもらえるような雰囲気を醸し出すことが大切であると再三述べてきた。雰囲気をつくるだけではなく、部下に対して自分から積極的にコミュニケーションを図ることももちろん重要だ。社内会議などで、フランクに思っていることを話してもらうために、愚痴になっても良い。解決策を思いついていなくても率直に意見を述べられるようにする。また、部下の手本として、常に現状のやり方に満足するのではなく、新しいことに挑戦する姿勢を示す必要もある。

自分が決めた方針に対し、部下からの反対意見や否定的な意見が出された場合に、冷静に対応できているだろうか？「このようなこともわからないのか！」という発言をするのではなく、部下の意見を真摯に受け止め、自らの知識を内に秘める謙虚さと器量も求められる。さらには常に自らの感情をコントロールし、冷静さを失わずに、部下の意見を傾聴し、不足している点を修正し補う上司としての懐の大きさが問われる。

マネジメント行動の視点

多様な考え方、異なる意見にも耳を傾ける、度量の大きい広い心の立ち居振る舞いが求められる。

日常業務においても、全体の状況を見通し、俯瞰する高い判断の視点が必要だ。経営課題を現場において実践できるように、社員の目標行動につなげる。組織の上位者になればなるほど、器の大きさは、立ち居振る舞いで決まると言っても過言ではない。おごらず謙虚に振る舞う冷静な頭脳と温かい心を持たなければならない。率先垂範行動、顧客に対する誠実な対応を忘れないことだ。そのような立ち居振る舞いが部下からの信頼を得ることになる。自らの感情の起伏が激しいことをよく理解した上で、左右されないように律する。感情的な言動をとることなく、**部下に対して謙虚に感謝の気持ち**で接する余裕を持ってほしい。

私たちは、他人を褒めることはあまり上手ではないが、部下から良い結果の報告を受けた時は、笑顔で褒めるようにすることも大切である。上司は部下から「この人についていけば大丈夫」と思われることが重要である。特に厳しい局面であればこそ、安心感を与えることが大切である。

事例7　人間力は、日常業務のあらゆる場面で求められる

「人間力」は、特定の局面だけではなく、業務を遂行するあらゆる場面で求められる。リーダーとして、先頭に立って物事を推進するときや、顧客の信頼を得るために、顧客起点で考え、行動する必要のある時に特に求められる。

中長期に事業を考え、的確な判断が求められるとき、顧客との交渉、説得、関係づくり

など、常に人間力が求められる。部下に挑戦的な仕事を任せ、やる気を高めるときに、上司としての人間力が求められる。

組織のビジョン、戦略、方向性を自らのことばで伝える必要がある。

物事を多面的、多角的に把握し、マネジメントとして判断、意思決定をしなければならない時に躊躇せずに、最善と思われる選択を行い、覚悟を持ってやり遂げる。意思決定に際し、組織・部門の責任者間の調整が必要となり、専門性の高い提案をするときにも、「人間力」が問われることになる。

マネジメントは、「重要」であるが「緊急」でない、いわゆる中長期の成果を出すためにビジョンを考えたり、人財育成や新規事業にも取り組まなければならないが、現実は、自らの担当領域における短期的に取り組みやすい現在のオペレーション業務に注力してしまいがちである。しかし、「人間力」を身に着けることによって、忍耐力を養い、心に余裕を持つことにより、そうした状況もある程度是正されるものだ。

マネジメント行動の視点　部下への**仕事の権限移譲**、目標の設定、評価のフィードバック、モチベーションマネジメント（部下を認め、尊重し、共に成果を出す）、人財育成・指導など「人間力」は、多様な業務の「質」と深く関わっている。

常に明るく、元気な挨拶を心掛ける。組織のトップが暗ければ、部下は気持ちよく仕事ができない。

また「人間力」は、人としての内面的側面と他者との信頼に基づく行動の結果であるとも言える。端的に言えば、この人と一緒に働きたいと感じるのが人間的魅力だ。

人として信頼されるためには、誠実に対応し、責任から逃げないこと、相手の言うことをよく聞き、信用することである。

部下に対しては、組織の方向性を示し、将来どのような人財になりたいのか、そのために今何をすべきかを考えさせる。また、できる限り部下に仕事を任せ、人材として成長する機会を与える。任せた上で何かあれば、上司が責任をとるという大きな器で任せる。また、上司であっても、間違った場合には、素直な心で謝ることも必要である。

「人間力」は、「平時」と「有事」ではそれぞれ異なる力を発揮するものだ。平時においては、事業に対する「志」の高さや事業に対する信念。有事においては、問題に対する洞察力とともに組織の方向性を示し、ベクトルを一致させて、毅然とした態度で問題解決にスピーディに取り組み実行する覚悟が求められる。

第9章

「人望」を獲得し、周囲を元気にする

1　「人望」を獲得する

「人望」が厚い人は、基本的に人間が好きだ。その結果、あの人といると楽しいと皆から思われ、自然と多くの人が尊敬と信頼の気持ちを寄せて、その人の周りにいつも集まる。

呂新吾の「呻吟語」の中でも、第一等の人物の条件は、「深沈厚重《しんちんこうじゅう》」、すなわち、人物が深山のごとく、大きく落ち着いて人間の内容の深さがあり、信念を持ち、どっしりとしていて、物事が治まるとしている。

人間的魅力をベースに「人望」の厚い人は、組織・人を「引っ張る力」と周りから「支えられ押し上げられる」という二つの側面を有している。すなわち、**「リーダーシップ力」**と**「人柄」の良さ**の両方を兼ね備えており、人をひきつける「魅力」（個性）があり、信頼できる人物であるわけだ。

最終的に人が動いてくれるのは「あの人のためなら……」とリーダーの人柄に負うところが大きい。また、社外の取引先からも「あの人なら」任せても大丈夫と評価され、事業の基盤である「顧客」からの信用・信頼の構築にもつながる。

だからこそ、マネジメントは、「人望」が得られるように努力し、求める必要がある。人望の厚い人は、その人の有する人柄、能力、見識、判断力に憧れ、人として尊敬と信頼の気持ちを相手に抱かせるものなのだ。

こうした「信望」の厚さを有する人は、能力があり「人格」も優れ「器」の大きい人である。つまり、その人の持つ「人柄」を当てにされ、周囲から頼られる「頼もしい人物」であるということだ。組織の中で日常的にその人の人柄、行動と接することにより、尊敬できる人物か、また、信頼に値する人間かどうかはわかるものだろう。いざというときに頼りになるかどうかを人は見ているものだ。

そのような頼もしい人物への「信頼」が組織の中に大きく広がることにより、事業の基盤となる顧客からの信用・信頼を生み出し、顧客価値を創り出すことにもつながっていくのは前述のとおりだ。

人望は、日常的な人間関係を抜きにしては語ることができないものだ。

また、日本の社会では、重要な役職、地位に抜擢するときには、その人物が「人望」のある人かどうかが大きな評価基準の一つでもある。

周りの人からも人柄を頼りにされ、役に立つ人間になるためには、自らに何が足りないのか。それは、人望のある人から学ぶことにより知ることができ、さらにその足りないものを身に着けることができるはずだ。

私がお会いした「人望」のある人の特徴は、周りの人からも一目置かれる存在であり、独自の強みを有し、その人らしさを自分自身の持ち味、個性としているというものだ。人望のある人の行動の特徴は、「器」が大きく懐が深い、また「信念」を有し、ときにはロマンチストであり、現状を憂い、現状に満足せずにさらに一歩高い目標を目指す向上心を持っている。また、物事を俯瞰的、大局的に捉え判断し、気力がみなぎっており、何事にも一所懸命に自らの強みを活かす人だ。

それだけではない。得意とする分野に関し、優れた見識と先見性を持ち、幅広い人的ネットワークを有している。また、人との出会いを「値遇《ちぐう》」として大切にし、常日頃から人脈を広げる努力を行っている。相手の話を最後まで聞き切る聴き上手であり、情報や人が自然とその人の周囲に集まりやすいので、大きな説得力を持っている。

その結果、物事を細部にわたり的確に状況判断することができる。部下の相談ごとには、些細なことでも面倒がらずに対応し、人に対する思いやりがある。また、周りの人にも頼り、部下に積極的に仕事を任せるとともに、あまり口は出さずに遠目からうまく行くように見守っている。目下の人に対しても、感謝の心を忘れずに接し、笑顔と「ありがとう」の言葉を欠かさない。人としても誠実であり、何よりも「正直」で、まめな性格であることが多い。また、約束したことは必ず守り、スピード感を持ってテキパキと対応する。

2 「人望」の厚い人の特徴

- 尊敬、信頼の気持ちを相手に抱かせる特色を有する。
- 人間的な魅力があり、人として近づきたい。
- 人として、考えのスケールが大きく優れた見識の持主である。
- 高い「志」を持って常に現状に満足せずにより上を目指す。
- 私心がなく、人の役に立つことをスピード感を持って実行する。
- 「人徳」があり、誠実に思いやりを持って行動し、深い絆を感じる。
- 聴き上手で、相談しやすいので、その人に情報が集まりやすい。
- 能力と判断力を有し、周囲の人から頼りにされ、的確に物事を決断する。
- 話す内容は、理路整然で無駄がない。

何歳になっても変化に対応し、他の人の経験、知識から学ぶ柔軟性を有し、生きるために「学び続ける姿勢」を失わないので、いつまでも気持ちが若々しく、いきいきと元気である。「人間」を洞察し、その人物の強みを見極め、生かすことに長ける。

やるべきことに対して、青年のように熱く語るのだが、話す内容は、理路整然としていて無駄がない、それでいて人の言うことに耳を傾け、お互いが腹に落ちるまで話し合った上で、物事を判断する。

何よりも聞き上手であり、話す言葉そのものに品性が感じられる。

リーダーの要件は、周囲の人からの全幅的な信頼感に基づく、そうした「人望」を有する人である。

「人望」がない人がリーダーになると、周囲の人から協力を得られないために、組織が不穏になり、成果が上げられない。

それでは「人望」は、どのように獲得することができるのだろうか。

人望は、「志」を持って自らが学び、**人望の厚い人から学ぶ**ことによって、獲得することができる。すなわち、人望は、自らの**足りないことを謙虚に反省**し、努力して積み重ねることなのだ。

「人間力」にとって「人望」は、行動蓄積の結果である。人望は、あるかないかではなく、努力して「磨いているか」「磨いていないか」で判断されるべきものだ。

また、人望を得るために重要な要素である「信頼」「利他行動」とは何か、どうやったら得ることができるのか、次章以降で取り上げ、考えることにする。信頼を蓄積することにより、人望を得ることにつながる。

第10章

人として「信頼」される

1　周囲から信頼されるためには、信頼に足る人間になる

人にして「信」無くんば、その可なることを知らざるなり。「信頼」は、私たちが社会の中で生きていく上での力である。その人の発する言動に信頼性がなければ、相手はその人を信じない。正直、誠実な生き方は、信頼の土台である。

人として周りから信頼されるためには、相手の立場に立つことが大切だ。そのためには、まず、思いやりを持って、異なった意見、考えにも耳を傾け、相手の立場を理解する。そして、その後で自らの考えを理解してもらうことにより、相手から信頼されるという順番を守る必要がまずある。

「信頼」は一方通行ではなく、相手を信頼して初めて成り立つ相互の関係である。そのためには、相手が本音で話せるように裏表なく正直・誠実に対応し、約束を守り、嘘をつかない。「信頼」とは信じて頼りにすることであり、相手を頼りになると信じることであるから、身を委ねる度量も必要だ。

信頼の根源は「人徳」であり、**自らを律し、他を慮る姿勢**が重要となる。肩書きや地位

に関係なく、人と人の人間関係を築くことが必要不可欠だ。

リーダーの影響力は、自らの過去の言動や行動により、どれだけの信頼蓄積ができたかに依存する（Ｅ・Ｐ・ホランダー著『信頼蓄積理論』より）。

ビジネスパーソンとして、この人にこの業務を任せても大丈夫と期待し、信頼されるためには、他者起点に立って、周りが期待する質的基準を上回る成果をきちんと出し続けることである。信頼関係は、日々の行動の積み重ねの努力により、時間をかけて獲得することができるものであり、その一方で信頼関係の崩壊はたった一言、たった一つのミスでも起こってしまう。そのためにも日頃の対話、日常的なコミュニケーションが大切だ。また、信頼されるためには、誰に対しても公平・公正に判断する。あらゆることに対して、透明性を失わないようにすることが求められる。

信頼関係が醸成されたメンバーは、やる気も高く、組織の業績に貢献しようと一所懸命に努力するはずだ。部下が悩み困っている時に、上司として互いの信頼と尊敬をベースに親身になって相談に乗り、解決策を共に考えることができる組織は強固だ。

人として信頼されるためには、ポジティブに物事を考え、新しいことに挑戦し続ける姿勢も重要だろう。マネジメントとして、困難な課題から逃げずに真摯に向き合い、言い訳をせずに、言動にぶれがないようにする。また、納得できる明確な理由なしには意見を変えてはいけない。マネジメントとして責任感を持って行動し、部下に責任を転嫁しないように責任ある発言を心がけることなどは当然だ。

「人」として信頼されるためには、どんなに厳しい局面にあっても、強い信念に基づき、行動する矜持が求められる。マネジメントは、他から行動をチェックされにくい立場であるからこそ、人として守るべき倫理観が求められる。自らの「人間力」の幅を広げるように心掛け、大胆さと細心さを併せ持つことが必要となる。

2 「信頼」される人物の特徴

・自らの生き方と知性、能力を有し、信頼に足る人物である。
・私利私欲がなく、正直、誠実である。
・相手の期待に応え、最善を尽くし、結果を出す。
・「言必ず信」であり、人との約束を必ず守る。
・言動に裏表なく、相手のことを理解し、正直、親切である。

・謙虚な姿勢で、異なった考え、意見にも耳を傾ける。
・相手も立ち、自らも立つように考え、行動する。
・いざという時に覚悟を持って、率先垂範し行動する。
・人として厳しさと優しさの両面を併せ有している。
・人として学び続け、日に新たに成長し、変化する。

第11章

情けは社会のためなり

1　情けをかけることは、我が身のためにもなるもの

情けは「人」のためならずという諺がある。皆さんもよくご存じのことだろう。この意味であるが、相手に対する同情は返って悪い結果を招くと理解されている人が多い。しかし、この諺の本来の意味は、「相手が困っているときに助けることにより、廻りまわって自分のためになる」というものだ。**「共感」の重要性**をむしろ指摘しているわけだ。

「人」のために動くことで、傍《はた》を楽にすることができる。これが「働く」という意味だ。利他的な行動は決して見返りを期待して行うべきものではないが、そうした思いやりの気持ちが、廻りまわって結果として自分に戻ってくることになるという教えである。仕事もそうであるべきなのだ。

「人間力」のある人は、相手の気持ちを考え、利己心を抑え「共感」を持って行動する。相手の状況に「共感」できるためには、他者起点で「想像力」を働かせ、状況を推測する必要がある。

そして、「情けは人のためならず」という考えを、「情け（利他行動）は、「社会」のため

なり」と言い換えることにより、社会全体の利益、都合を意識し、行動することにもなる。日本人はかねて相手の立場を思いやる「共感」を何よりも大切にしてきた。組織においては、「協調性」「全体最適」の視点から、一体感を持って、組織を運営することを軸としてきた。

社会的利益という共通の目的に基づき、人と人のつながりにより助け合うことが大切である。

また、労力が必要な困ったときは、住民総出で助け合い、お互いが助け合う「結《ゆ》い」という社会の相互扶助の組織があった。沖縄では、「ゆいまーる」と呼ばれる結いの習慣が、今でも残っている。結い（ゆい）は助け合い。まーるは、順番という意味である。那覇の空港から市内に走っている「ゆいレール」は、「結い」を語源としている。

他人の状況を我が事のように共感することにより、自他同じく利することになる。「共感」に基づいた利他行動は、ややもすると、利己的な考えになりがちな私たちの行動を抑制することにもつながる。人間は、社会的な存在であるのだから、自己が救われるということは、他人を生かすという働きにつながるのだ。

人と人はつながっており、「一つ如しだ」という考えである。

図10　利他行動

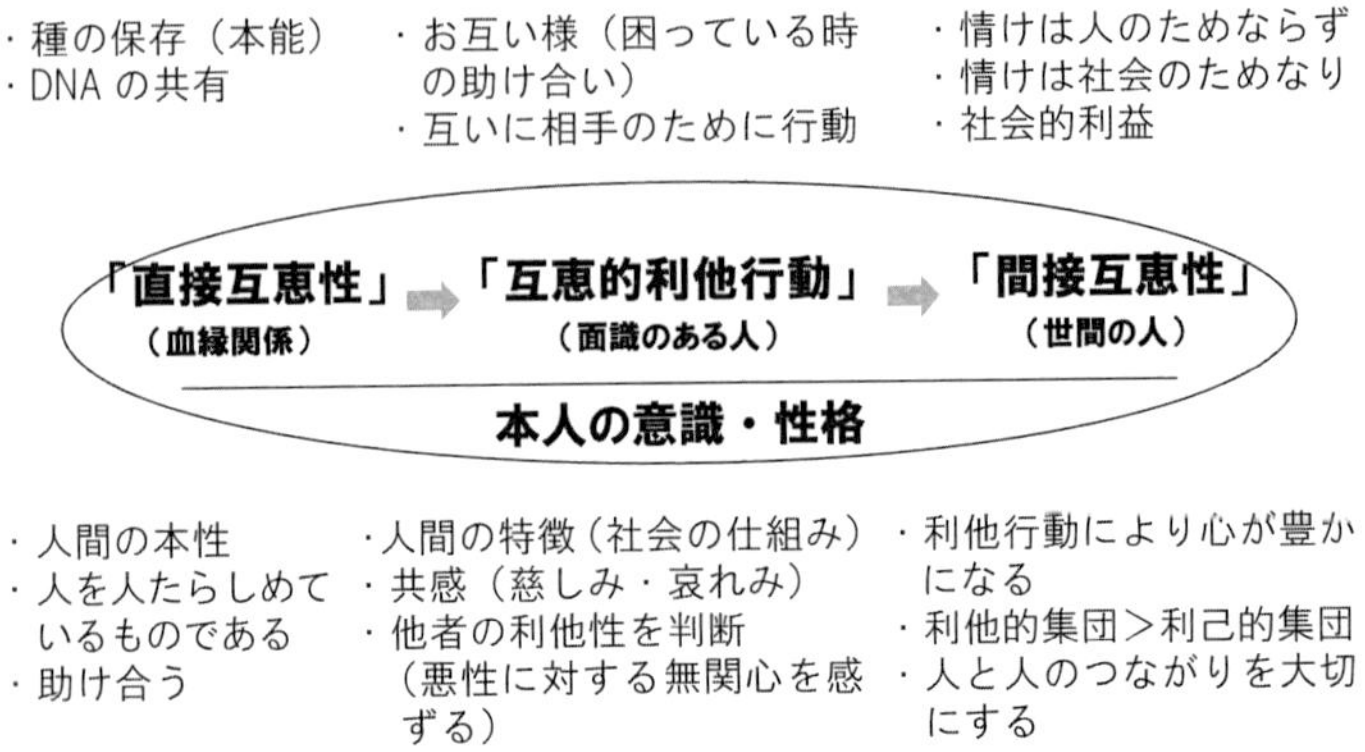
・種の保存（本能）
・DNA の共有
・お互い様（困っている時の助け合い）
・互いに相手のために行動
・情けは人のためならず
・情けは社会のためなり
・社会的利益
「直接互恵性」
（血縁関係）
「互恵的利他行動」
（面識のある人）
「間接互恵性」
（世間の人）
本人の意識・性格
・人間の本性
・人を人たらしめているものである
・助け合う
・人間の特徴（社会の仕組み）
・共感（慈しみ・哀れみ）
・他者の利他性を判断（悪性に対する無関心を感ずる）
・利他行動により心が豊かになる
・利他的集団＞利己的集団
・人と人のつながりを大切にする

出所：小野　亮『利他学』を参考に作成。

そう、「自他一如《じたいちにょ》」の心が利他行動を可能にする。これは、自己の利と他人の利が合致する自他融合の考えである。人に対する思いやり、温かい共感の心情により、心豊かに楽しく生きることができる。

特に日本の社会には、「世間様」「世間体」という見えざる社会の目があり、人間行動を自己規律するこころの縛りが働いてきた。そうした意識が、社会の中で私たちが、人間らしく生き、行動すべきことを意識することにつながってきた。

また、相手が困っている時に、相手の立場に立って「共感」することにより、この人は、人格的にも素晴らしい利他的な人だと周囲から認められる。その結果、利他的に行動する人は、周りの人からも利他的な行動を受けやすくなるものなのだ。

組織においても、利己的な集団と比べて「利他的」な集団は強いことは明白だろう。図10「利他行動」に示す通り、家族に対する利他行動は、人間の本能だと考えられるが、他人、しかも極論すれば面識のない赤の他人に対しても、互いを助け合うという行為は、人間だからこそできる行動だ。相手に対する「共感」を超え、窮状にある人の困難を取り除こうとする「慈悲の心」は、人間のみが有する純粋な心情なのだ。

また、他人のために自発的に役立つことは、自分にとってこの上ない喜びとなり、心を満足させることにもつながる。そのような行動は、金銭とか物では味わえない、心の底からの喜び・充実感を持たせてくれる。

「人は自分が満たされて、喜びを感じると次には必ず他人のために何かをしようと気持ちが変わってくる」（佐藤初女著『おむすびの祈り』より）

自分が他人から恩を受けた人に対する感謝の念は、その人の志の深浅であって、恩恵の大小にはかかわらない。人間の本質は、社会性にあり、人と関わるからこそ、『人間力』を成長させることができる。すなわち、人は人によって磨かれ、成長するものなのだ。

さらに言えば、利他の心は廻りまわって自分の評価となり、間接的にお返しとなって返ってくるものだと言った。人間は、他の人から親切を受けると、いつか必ずこの人に恩返しをしたいという気持ちが芽生えるものだ。それが高じて、恩送りというが、この人から受けた恩を、機会のあった他の人に返そうと思うようになる。そうすることで、人としての優しさ、思いやりの社会的な循環サイクルが生まれる。

ビジネスの側面に話を戻すとすれば、他人を助けるためには、当然のこととして、自分自身がその人の役に立つことができる能力や手段などを持っていることが前提となる。その上での行動であり、また人材育成だ。しかも人材育成は、相手の成長に無償のエネルギーと時間を費やす行為であり、非常に利他的な行動なのである。

利他行動は、人間としての「徳」の実践行動の一つであると考えることができる。利他的に行動する人は、人間としての「人格」が備わっており、左記の特徴を有している。

2 「利他的」に行動する人の特徴

- 「情けは人のためならず」を実践する。
- 相手の立場に立って物事を考え、行動する。

・「私心」にとらわれずに物事を見る。
・一歩高い視点から人とのつながりを大切にする。
・お互いに心を結び合って、譲り合い、助け合い生きる。
・周りの人からの助け、支えで生きていることを感謝する。
・「信念」に基づく生き方により、「器」が大きい。
・責任感、倫理観が強い。
・人として、思いやりと温かいこころを有する。
・相手の立場で共感するために、「想像力」を働かせ、状況を推測する。

3 「利他」の視点

社会において共存し、利点を分かち合うために、「善の巡環」と称し、他人の利益を図らずして、自らの繁栄はないとの考えに基づく事業活動を展開されている企業もある。
・自己中心的な考えになりがちな利己的な行動を「共感」の視点から抑制する。
・他人の利益を図らずして、自らの繁栄はない。たとえば顧客基点に立つことが、「先も立ち、我も立つと思うこころかな」（石田梅岩）の実践につながる。お互いが他人と協力して生きるためには、人の持つ「利他的な本能」を引き出し、他の人の利益、幸福（Well-being）に役立てる社会をつくることが肝要だ。

・相手が困っているときに、相手の立場に立って「共感」することにより、この人は利他的な人だと周囲からも認められる。その結果、利他的に行動する人は、周りからも利他的な行動を受けやすくなる。

・人の素晴らしいところを発見するとともに、自分自身の心の中に人間力を高め成長するために、何が足りないのか気づき、日々新たに人としての魅力づくりをすることが大切である。

人間は、そもそも自分自身が周りの人からの助けや支えで、人として生きていけることを意識し、相手の思いやりの心、優しさに対する感謝の心を持ち続けなくてはいけない。そこから生まれる、相手を親身に思いやる温情、共感や思いやりの「哀れみの心」こそ、徳の重要な要素の一つである「仁」の始まりであり、人としての生きる姿勢でもある。

第12章

「人間力」をどのように高めるのか

1　自分なりの人生の「問い」を見つける

マネジメントとして成すべきことを成すためには、何をすべきかを考え、自らが先頭に立って率先して行動する。その際に、「人間力」を発揮し、周囲を巻き込み、目標を達成することができれば、成すべきことを成すための近道となる。

人間力を高めるためには、**自らの人生における「問い」は何なのか**、どのような人間になりたいのか、また、人生において「何を」達成したいのかを明確にする必要がある。

昇進された直後の「管理職」の方々に、将来どのような人間になりたいのかを聞くと、左記のような意見が述べられる。

・自らの行動と選択の結果に対して、責任を持てる「自立的」な人間になる。すなわち、自らの人生の責任を自分で引き受けられるような「生き方」を目指す。

・社会・人の役に立ち、自律的に判断、行動できる人間になる。

・周囲の人の考えや環境に左右されるのではなく、自らの「価値観」、信念に基づき決断し、「軸足」がぶれずに実行できる人間になる。

・組織、人に対して、ポジティブな影響を与え、主体的に動けるようにする。
・周囲の人から尊敬、信頼され、信頼に値する人間になるために「人間力」を磨き、成長する必要がある。相手のことを慮る優しさと厳しさの両面を持った人間になる。
・相手に対し、感謝の気持ちで、謙虚、誠実に接し、より良い人間関係を創る。
・何歳になっても、夢や希望を持って学び続けるマインドにより、自らの人格を高め続ける生き方をする。

大切なことは、自分なりの人生の「問い」を見つけることだ。それは、自らの人生を「主体的」に生き、どうしたら社会、人のために役立つことができるのかを考え、自らの役割責任を明確にし、行動することにつながる。そのためにも、自らの人生の「あるべき姿」は何かを自らに問いかけ、「自分との約束」の実現に向けて、左記のことに取り組むことが求められる。
・人として何をすべきかという「問い」は、生涯持ち続ける。
・自らの「軸足」（哲学）をつくる。
・より高きものを目指し、自らの「人格」を成長させ、人間的魅力をつくる。

・社会、人のために役立つ人間になり、どうしたら周囲が幸せになれるかを考え、行動する。
・「人格」を高め、社会、人のために役に立つ本物の人間になる。
・現状に満足せずに、常に向上心を持って、学び続けるマインドを持ち人格を向上する。

2 「人格」「品格」「器」を高める視点

次に、「人間力」を司る、本書のテーマである「人格」「品格」「器」を高める視点を列挙しておく。

一．ビジネスパーソンとして「人格」を高める視点

このような「生き方をしたい」、将来このような人間になりたいという自らの「人物像」に向かって切磋琢磨努力し、成長することである。

マネジメントとして、仕事を通じて「何を」実現したいのか、自らの憲法と言える「使命」を明確にする。

人として信頼に足る人間になるために、どのように「人格」を高めるのか、目標を明確にする。そのためにも、素直な心で自らの考えにとらわれずに、人として何が足りないのか、自らを振り返り、意識し、磨き続け、考える視野を広くする。

何よりも大切なのは、私利私欲を交えず、真心を持って、相手に誠実に接することである。

●マネジメントの意識と行動

・思いやりを持って相手のことを理解し、人の役に立つように誠実、謙虚に感謝の気持ちで接する。
・物事の本質を見極め、自らの存在意義を掘り下げ、なによりも揺るぎない信念に基づき、決断の軸足がブレないようにする。
・部下よりも人間的に優れているのではなく、役割が異なることを認識し、行動する。
・相手の期待に応えることにより、人として信頼・尊敬される人物を目指す。
・顧客、上司、部下から信頼されるように「誠実」に対応し、自らの言葉通りに約束を守り、相手の期待に応える。
・異なった価値観、文化、習慣を理解し、受容することにより、人格的にも信頼できる人物になることを目指す。

・部下の話をよく聞き、考えの背景、真意を理解する努力を行う。

・感情に流されず、驕らず、謙虚に振る舞うことができる人物を目指す。

・自分のことを中心に考えるのではなく、厳しさと優しさの両面で相手のことを慮る。

・部下が新たな気づきを発見できるように、コミュニケーションを心掛ける。また、相手の話をよく聞くことにより、今まで自分がわからなかった状況も把握するように努力を怠らない。

二．ビジネスパーソンとして「品格」を高める視点

「品」よく生きるために最も大切なのは、その人が持つ「人間力」である。

自らがどのような品格を有する人間を理想としているのかを明確にする。

「人品骨柄卑しからず」である。顔つきや外見から受ける上品な印象を表すことを意識する（品は、品格、気品、骨柄は、外見の体格、人相である）ことである。

人として卑しい行動を慎む、すなわち、他人に厳しく自分に甘い姿勢や、相手に対し、おべっかを使って気に入られようとしない。

品性は、人と共感する相手を思いやる心の上に成り立つ。また、自らに足らないことを謙虚に反省する。

・自らの規範として、みっともないことはしない。見た目にも見苦しい言動をしないことである。

・「マナー」が人をつくる。すなわち、「Manners maketh man」の考えを意識した行動をとる。

●マネジメントの意識と行動

・社会との関わりを通じて、経験を積み、知識、知恵、教養を学び、その人なりのものの見方、考え方、価値観を身に着ける。

・何事も謙虚な姿勢で、異なった発想、意見、切り口からも学び続ける。

・常に周囲の人に対して、怠りなく目配り、気配りの心配りが行き届くことができるのは、その人のこころのゆとり（残心）であり、品格そのものである。

・丁寧な言葉遣いでゆっくりと話し、相手を立て、敬語をしっかりと使うことで、言葉に「気品」を表すことを意識する。

・相手に合わせた「身だしなみ」を整え、清潔感があり、引き締まって凛々しい。
・節度をわきまえ、立ち居振る舞いが、美しいように心掛ける。
・あの人は「品」があると言われるように丁寧な日常の暮らしをする。

三．ビジネスパーソンとして「器」を高める視点

自らの「器」を超えるために、自らの「器」がどの程度かを見極めると共に、日々精進し、「器」の大きな人から謙虚に学び、「器」を大きくする。

「目標」「志」を大きく持つために、目的意識を持って社会、人のために尽くせるように、物事を考え、視野を広げて自らの考えのスケールを大きくする。

短期的な視点に加え、中長期の時間軸で物事を見通す先見性を磨き、過去、現在、未来の時間軸で物事を考えることを意識する。

●マネジメントの意識と行動

・多様な人的ネットワークを構築し、何事も相談できる良きメンター、「心友《しんゆう》」をつくる。
・先人の良書を読み、将来このようになりたいという「志」に基づき、先を見通す能力

である「構想力」を磨く。
・自らの考えと異なる価値観、意見を受け入れ、相手の立場を慮る。すなわち相手のことを理解し、誠実に倫理観を持って行動し、信頼される。
・多様な価値観、文化、慣習を受け入れ、「包容力」を高める。
・ローカルな視点に加え、グローバルな視点から課題を見据えて、各々の物事の見方のギャップを埋める。
・自らの生き方や仕事を取り巻く状況に対し、視野を広げ、視点を高く持って、社会、会社全体のことを考え、より大きな世界と関係させて物事を捉えるようにする。
・自らの役割責任に基づき、主体的に物事を考え行動し、顧客価値を高める。
・枝葉末節にこだわらずに、物事を大局観で見るとともに、細部にも眼を向けるようにする。
・部下の失敗を許し、感情的に怒るのではなく、自らの感情をコントロールし、冷静に対処する。細かいことをいつまでも気にしないようにする。
・地位、立場に関係なく、誰にでも公平に接するようにする。部下の意見を頭ごなしに否定せずに、相手の立場に立って話をよく聞き考えを引きだす。

・知的忍耐力を養い、困難な課題にも積極的に取り組み、経験を積み重ね、周囲の期待に応える人物になる。

さらに、マネジメントとして「人間力」を高めるために、職場でどのように行動すべきか、左記の点を意識し、行動する。

・社内であっても、上司、部下、同僚に気持ちのよい「対応」を心掛ける。
・仕事だけではなく、人間として「幅」を広げ、成長するように努力する。
・組織として人柄の良い人で、能力を有する人財を評価する。
・自らの仕事に「誇り」と「使命感」を持ち、社会の常識、倫理観に基づく行動により、コンプライアンスを遵守し、顧客価値を高めることに貢献する。
・目標達成に向けて「チームワーク」行動により、相互に支援、助言し、成果を出す。

3 「人間力」が組織にもたらす影響

マネジメントが「人間力」を高めることにより、左記のような良い影響を組織にもたらすことができるので、覚えておいてもらいたい。

一．社内・社外にかかわらず、相手の立場に立った丁寧な応対は、周りの人の気持ちを和らげ、好感度を高めることになる。

二．自らの使命感に基づき、幅広い視野に立って、知識、経験の積み重ねを行い、マネジメントにふさわしいリベラルアーツ（教養）を身に付け、最適な「解」を出せるように、意思決定を行う。

三．良好な人間関係をつくり、思いやり、やさしさを持って相手に接する。また、正直、誠実に物事に取り組み、言行一致の言動をとる。

四．自らの感情をコントロールし、相手の言葉に自動反応するのではなく、「笑顔」で大らかに、周囲の人に明るく対応する。

五．物事に「前向き」に取り組み、仕事に対する視点を高め、行動する。また、新しい課題に対しても覚悟を持って、ポジティブな思考で前向きに挑戦する。

六．組織目標を共有し、チームで行動基準を話し合い、相互に支援し、目標達成に向けてコミットメントを高める。

第13章

「志」を持って生きる

1 「青年よ、大志を抱け！」の本来の意味とは

人には、実現したい目標を持って生きようとする心の働きがある。それが、「志」とか「夢」と呼ばれるものだろう。それらがあるからこそ、現状に満足するのではなく、「あるべき姿」に基づき、変化に挑戦し、実現することができるのである。

「志」とは、今よりもより高い次元で生きる価値の実現を目指し、ビジョンに向かって行動するための「心構え」である。「志」を持って生きることにより、自らの心に抱いている「思い」をさらに大きく成長させることができる。

「志」を考える上で、ウィリアム・クラーク博士の「青年よ、大志を抱け！」(Boys, be ambitious like this old man.) は、あまりにも有名な言葉だろう。「君たちのような若い人は、未来に向けて「志」を持った生き方をせよ」と呼びかけている。しかし、若者を未来に導くクラーク博士のメッセージ内容の全文は、意外と知られていない。

北の大地を旅し、赤レンガの北海道庁旧本庁舎の2階への階段を上がると、南側廊下に馬上にまたがるクラーク博士と札幌農学校の学生たちとの〝島松（現在の北広島市）の別

離〟という絵を見ることができる。同行した学生たちに向かって、あの有名な言葉である「青年よ、大志を抱け！」と語った場面だ（作者：田中忠雄）。絵画の下段には、左記の内容が記されている。

「青年よ、大志を抱け！
それは金銭や我欲のためにではなく、
また人呼んで名声という空しいもののためであってはならない。
人間として当然そなえていなければならぬ
あらゆることを成しとげるために大志をもて」

"Boys, be ambitious! Be ambitious
not for money or for selfish aggrandizement,
not for that evanescent thing which men call fame.
Be ambitious for the attainment of
all that a man ought to be."

ウィリアム・クラーク博士は、五十歳という人生の壮年期に、日本政府の要請により、米国マサチューセッツ農科大学の学長から札幌農学校の教頭に赴任された。学生への講義内容は、米国の大学カリキュラムに基づき作成されたそうだ。

クラーク博士も、人生の秋の訪れを迎える年齢になり、自分なりに人生を振り返り、考えてみると札幌での八か月間が「人生で最も輝かしい時であった」と述べている。

学生たちのように、希望に燃える若い時にこそ、大きな志を持ってあらゆることに挑戦することができるものだ。学び続けることにより、自らを活かす「機会」もつかみ取れる。そんな時期に、異なった価値観を受け入れ、社会、人のために役に立つことは何かを考え、自分らしくいきいきと人生を謳歌することが人生の意義であると伝えたものであると推測する。

次に紹介したいのが、サムエル・ウルマンの「青春の詩」だ。「青春とは人生のある期間をいうのではなく、心の様相をいうのだ」と説いている。基本的に人間というものを信じる素直で前向きな姿勢、これが青春のマインドを保ってゆく秘訣であることを我々に教えてくれている。

「青春とは人生のある期間ではなく、「心の持ちかた」を言う。
二十歳の青年よりも六十歳の人に青春がある。年を重ねただけで人は老いない。理想を失うとき初めて老いる。
歳月は皮膚にしわを増すが、情熱を失えば心はしぼむ。苦悩・恐怖・失望により気力は地に這い、精神は芥になる」

この「青春の詩（Youth）」は、サムエル・ウルマンが七十歳代に書いた詩であり、人生の青春の季節は過ぎ去ったが、青春とは「心の持ち方」なのであると問いかけている。岡田義夫氏が、英文の雑誌に掲載されたものを見られて感銘され、個人的に日本語訳にされて多くの企業人に愛誦され普及したものである。

宇野収氏（元東洋紡会長）が、日本経済新聞に「青春の詩」の一部を紹介された後、一九八六年に産能大学出版部から「青春」という名の詩を宇野収、作山宗久の共著で出版された。

私も、夢、希望、理想を持ち続けるための人生の指針にさせていただいた詩である。人生半ばの過渡期において、自分の心の中に「若さ」と「老い」のバランスが生まれる。〝内なる若さ〟は、さらに発達する大きなエネルギーと力になる。

確かにこの時期になると、体力と気力の衰えにより「若さ」と「老い」の対立、葛藤を感じることになる。人生百年、これからも自分に何ができるのか「問い」を考えながら、生きたいものである。

高齢化社会における人生の応援歌として、中高年の人々が、自分にとって何が一番大切なのかを考える機会となればと思う。

次の世代に人生の意義を伝え、充実した人生をどのように生きるべきか、それぞれの人生の生き方に勇気と指針を与えるものだろう。

人生において「何を」実現しようとするのか、そのために何をすべきか自問自答し、アイデア・発想を情熱を持って実行することにより、その夢＝志を具現化することができるはずだ。

2 「志」の視点

・マネジメントは、事業に対する「志」を高く、大きく持って取り組むことが求められる。

・社会が大きく変化するＶＵＣＡの時代だからこそ、何よりも「志」を持って生きることが求められる。

・現実の中でうまく生きようとするだけではなく、人として志を持っていかに生きるかを考え、行動することが重要だ。

・志は、覚悟・緊張感を伴い、実践することにより、志をさらに大きく成長させることができる。

・よりよきものを生み出すためには、「志」を持って強く願い、望むことが必要である。

3 「志」に生きる人の特徴

・使命感と志を一体化させる。

・何があってもやり抜くという強い意志がある。

・新しい仕組み・人的ネットワークをつくる。

・探究心、向上心を有している。

・「志」を、学び続けるマインドの支えにする。
・目標の実現達成に向けて、粘り強く諦めない。
・自らを厳しく律する。
・現状に満足しないで、疑問を持ち続ける。
・直感、感受性が高い。

4 そもそも「志」とは何か

何事においても、よりよきものを創り出すとか、将来どんなことに挑戦し、何を実現したいのかを考えるとき、そのベースには志や夢が必要だ。新しいことに挑戦する場合には、最終成果のイメージを明確にし、最後まで志を持ってやり遂げる強い精神力が必要となる。

「志」とは、心に決めてある方向を目指す、**目標に立ち向かうことである。**

人として問いを持ち続けることにより、自らの「思い」の実現に向かって日々の行動を積み重ね、習慣化させることが重要だ。

志は、気力と密接に関係する。一つのことに集中すると、気力を動かすことになる。人間の肉体を支配する志がしっかりと確立すれば、気力はそれに付き従ってくる（『孟子』（上））といわれる。

人は「志」を持つことにより、ゆるぎない価値、気骨（バックボーン）を伴った感情が生まれてくる。「志」が高尚であれば、働き方もいきいきと元気になる。「志」とは、より高い価値を目指し、自らの限界に挑戦しようとする心の姿勢とも言える。

また、志に向かって努力することにより、マネジメントとしての「器量」も大きくなる。すなわち、「器」の大きさは、その人の「志」の大きさに比例するものと言えるわけだ。

自らの信念（絶対的な価値）として、自分は将来何を実現したいのか、また、どのような人間になりたいのかを明確にすることも、「志」を持つためには重要な前提条件だ。知的好奇心に基づき、意欲を信念に発展させ、向上心を持って行動し、「カタチ」にする。また、普遍的価値である「理念」を「信念」と融合させることにより、「志」をつくることができる。

将来何に取り組み、どんなことを実現したいのか。顧客・事業の役に立つ存在になるために何をすべきかを含め、仕事の使命・目的を考える上でも、「志」は不可欠のものである。

「志」を立てることほど人にとって大事なことはない。志を有する人は、将来の人生・キャリアの目標を達成することができるが、「志」を有しない場合は、世の中の流れに身を任せ、流されるままに生きることになり、結局何も成し遂げられずに、人生を終えることになる可能性が高い。

また、マネジメントに昇進しても、「何を」実現したいのか、自らの「使命」は何なのか、自分なりの「解」がないと仕事を前向きに考え、大きな志に基づき取り組むことができない。すなわち、マネジメントのポジションに就いたときに**やるべきことが見えているか**である。志のない人は、問題の壁にぶち当たるたびに悩み、迷うことになる。

だから、第一に自己起点の「志」を立てることからスタートする必要がある。その「志」である目標の実現に向けて努力することにより、元来人に備わっている「気力」が自然に動き出す。真の元気というものから、「なりたい姿」を目指す「志気」となる。その「志気」が、目標実現に向けたドライブとなってくれる。

孟子は、「志は、気の師なり」、気力を左右するものであり、気力は人間の身を支配するものである。だから「志」がまずしっかりと確立すれば、気力はそれにつき従ってくると述べている。さらに孟子は、気は人間の内面より発するものであり、正しく養うことにより天地に満ちるものとされるものであり、「浩然の気を養う」ことになると述べている。

そうした「志」は、誰かが与えてくれるものではない。自らが考え、見つけるしかない。

だからこう自らに問い掛けてほしい。

・人間として、本当に考えるべきことは何か?
・人生において私は「何を」実現したいのか?

志を得られたら、それを今度はビジョンに具体化し、その実現に向かって「覚悟」を持って行動する。現状に満足せずに、危機感を持って自分は何をすべきかと問い続け、行動する。既成の論理にとらわれずに自らの直感、感受性により、現状の問題を徹底的に考え抜き、深掘りし、本質的な課題を明確にする姿勢が大切だ。

5 「ビジョン」とはすなわち「志」である

組織では、「志」のことを「ビジョン」と呼んでいる。ビジョンとは、現実を踏まえて望ましい方向性と将来における到達点を表現したものである。「ビジョン」は、現在と将来をつなぎ、人々に力を与える。すなわち、将来の姿を見えるように引き寄せたものだ。そのような「ビジョン」は、マネジメント自らの「志」に基づき、先見性と洞察力および想像力によって創ることができるものだと私は思う。

マネジメントとして、明確なビジョンを掲げて、組織をリードし、組織として最大の成果を出す。

「ビジョン」が明確になったら、次にわかりやすい言葉でそれを周囲の人に伝え、共感を得る努力が必要になる。さらにマネジメント自らが、ビジョンの実現に向かって率先して行動することにより、周囲に勇気を与えることになる。自分自身も変わるということを強く意識して、「情熱」を持って取り組む必要がある。

そのためにも、シンプルでわかりやすく、ストーリー性のあるビジョンを考える必要がある。

さらに重要なことは、孔子の「人にして遠き慮りなき者は、必ず近き憂いあり」だ。

将来のことまでよく考えずに、目先のことばかり考えていると、近いうちに必ず困った事態に陥る。また、先の見えない不透明な状況にあって、未来に向かって何かを起こすには、「覚悟」が必要だが、その場しのぎの考えに身を任せていたのでは、覚悟など持てるはずもない。なお、「確実」に達成できるものや「リスク」の伴わないもの、チャレンジする価値を伴わないものは、ビジョンとは言わない。

ビジョンは、信念を持ってアウトプットをイメージし、楽しみながら実行すると、必ず実現することができるものだ。人間は、未来に希望が持てる場合は、その実現にエネルギーを集中させることができる。そのためには、ビジョンのゴールを明確にして、なぜ実行する必要があるのか、周囲の人が納得できるように説明し、巻き込んでいく必要がある。

ビジョンを考えるときに、目前の業務中心に対応し、深く考えないと、次のような状況に陥りやすいので注意を要する。


一．「何を」（Ｗｈａｔ）やりたいのかを中長期の視点で考えるのではなく、どうしても短期的な対応策（Ｈｏｗ）であるアクション中心に考え、行動してしまう。

二．「志」を実現するためには、自らのやりたいことを考え抜く必要があるが、どうしても今やらなければならない当面の問題解決、行動に注力してしまう。

三．将来の「あるべき姿」と現状の実力という二つのことを自律的に考え、論理的にその「ギャップ」を分析する必要があるが、とりあえず現状をベースに短期的目標を考えてしまう。

第14章

人生百年「学び続ける」

人生の目的は、人として学び成長し、自らの人格を向上することにある。そのためには、将来の「なりたい姿」に向かって、問題意識を持って学ぶべき価値のあることを吸収し、自らの「信念」を養い、学びの習慣をつくることが肝要だろう。

「人生百年の時代」となり、私たちは70歳前後まで、大学卒業後でも実に50年もの間、働き続けることになりつつある。

人生は三つのステージからなるといわれた。これは、「教育」、つまり学生時代、「仕事」、つまり人生の大半を占める就労時代、そして「引退」後の人生だ（LIFE SHIFT １００年時代の人生戦略　リンダ・グラットン他著）。現在は、こうした従来の社会的モデルといえた三ステージに全員が同じように対応するのではなく、多様な働き方、生き方を選択することが可能な時代でもあるが、長くなった**人生の〝恩恵〟を享受**するためには、新しい知識、スキルを計画的に学び習得するために**自らへの投資**が重要な時代でもある。

人生をより楽しく「健康」（Well-being）に過ごすためにリフレッシュタイム（私の場合は、テニス、温泉）をルーチン化する。

敷かれたレールなどは、もはや存在しない。自らの人生をどのように考え、何を大切にして生きていくのか、という命題が一人ひとりに問われている。その問いに答えるためには、人生全体を貫く自らの「軸足」「価値観」を明確にし、キャリアの大きな方向性を考える必要があろう。

そして、常に訪れ得るキャリア・トランジッション（人生の転機）に備え、計画的に知識・スキルを学び、新しいライフスタイルをつくるために、**「自らに投資」し続ける**。その結果、キャリアを自覚的に選択し、生涯に複数のキャリアを経験することも可能となる。

投資は、長い人生を支える**「無形資産」といえる能力、知識、スキル**を各々のステージの目的に合わせ獲得するためのものだ。合わせて、異なる分野の**人的ネットワーク**をつくることがキャリア成功の重要な鍵となることも忘れてはならない。

人生の各々のステージごとに短期、中期の到達点となる目標（ゴール）を設定する。つまりは、ステージごとに自らが進歩・成長を実感できるテーマを自分なりに見つけ、取り組むことにより、イキイキと輝き、豊かな人生を生きることができるのだ。

さらに、学んだことを自らのキャリアの実践に活かすことにより、知識を腹に落とし、知恵に発展させるよう努めることも忘れてはならない。

私自身の仕事のキャリアを振り返ってみると、概ね10年のスパンでゴールを設定し、自らの生き方、働き方を考えてきた。

柔軟性を持って、新しい思考様式を模索し、50年間学び続け、複数のビジネスキャリア、リカレント教育（再び学ぶ）を経験してきたことが、多少なりとも参考になればとまとめてみることにする。

思えば、自らの「アイデンティティー」をどのように構築し、自己効力感に繋げるのかが、20歳代後半のステージでの最大のテーマであった。

業務に必要となる知識・スキルを体系的に学び、**社外でも通用する能力**を磨くことが、結果的に社内でも通用し、人財として認められることを確信した時期でもある。外部の「管理職適性試験」を個人的に受け、自らの「強み」「改善点」の自己理解を行い意識・行動を変化させもした。

さらに、状況判断力を高めることと人生のリスクヘッジのために、マネジメントを行う上で必要となる法律知識を体系的に学び、社労士、不動産等の複数の国家試験にも挑戦（合格）した。

また、英語での討議、プレゼンテーションが求められるため、ビジネス・イングリッシュを、仕事の就業後、社内の英語クラス受講によって学んだ。また、日本と米国・ＥＵの文化・価値観の違いを学び、思考の幅を広げ、キャリアの可能性を大きくすることができた。

マネージャーとして仕事、プロジェクトの喜び、楽しみを自分なりに見つけ、指示通りに仕事をするだけではなく、常に“Something New„を考え、付加価値を高める事にこだわった。

30歳代後半では知的好奇心を持ち、大学院に挑戦した。現在とは異なり、その当時は大学院に進学し、学ぶためには、会社、上司の許可が必要であり、当時上司であった八崎輝義氏に申し出た。八崎氏はスケールの大きな人物であり、快く了承下さった。

特定専門領域のコンテンツ・スペシャリストではなく、マネジメントとして高い視点から企業とは何かを考え、人として、教養（リベラルアーツ）を深めるために神戸大学大学院にて2年間の博士課程前期課程（修士）の教育を受けた。

その後、博士課程後期課程（Ｐｈｄ．）に進んだが、志半ばで満期退学した。それでも、経営学、組織論、理論構築に加え、マックス・ウエーバーの社会学、アダム・スミスの道徳感情論、アリストテレスの倫理学等の学習を含め、判断意思決定、論理的に物事を考える上で、ここで得た知識は今も役に立っている。

40歳代後半で、世界的な化学会社の取締役に就任した。本体およびJapan Operation担当取締役として日本の五つの会社の経営指導、M&Aの役割を5年間担った。これはやはり、グローバルビジネスにおいて自らの「強み」を活かす良い機会となった。しかし、人財を外部に求める企業には数多くの経営課題が存在しているもので、組織の企業風土の改革には、コンフリクトへの対処を含め、相当の覚悟が必要であった。

とは言え、どんな難題にもポジティブにチャレンジし、成果を必ず出すという経営マインドを養うことができた。また、異なったロー・コンテクストの組織文化、価値観を理解し、組織をリードするためには、論理的に物事を考え、メッセージをすることが大切であることも学んだ。株主の方針、経営理念に基づき、グローバルの視点とローカルの視点を融合させて事業の価値を高めることを経験することができた。

経営に求められる新しい情報、知識を幅広く学んだ。何が本質的な課題なのか現場に赴き、実態を把握し、「解」を出し、当事者意識で物事を考え、行動し、質の高いアウトプットを出すことを心掛けた。

また、知識・スキルに加え、素晴らしい人生を送られた**先人の生き方**を伝記、自叙伝から大いに学んだ。

例えば、「**代表的日本人**」（**内村鑑三著**）にも記述されている**近江聖人といわれた**「**中江藤樹**」は、「考（愛敬）を尽くし「徳」を養う、一善すると一悪が去る」を教えてくれた（「翁問答（中江藤樹著）」）。

あるいは「**二宮尊徳**」**の教え**は至誠、勤労、分度、推譲の四つの徳目である。**経済と道徳一致の思想**であり、経済には「道徳」が必要であり、また道徳の実践を支えるには、「経済」があってこそ、実現できるということを教えてくれた（「二宮翁夜話（福住正兄著）」）。

さらに、「**石田梅岩**」**の教え**は、富の主は天下の人々である、商人は勤しむべき事を先とし、得ることを後にする。すなわち、〝先義後利《せんぎこうり》〟の考えである。また、三方よしの原点となった「**先も立ち、我も立つことを思うなり**」**の考えを学ぶこともできた**（「石田梅岩と都鄙問答（石川謙著）」）。

藩財政改革の哲学と実践の「**山田方谷**」の教えである、**至誠惻怛**《しせいそくだつ》（改革は、まごころと痛み、悲しむ心で行う）。これは、先人の生き方として参考になる。

なお、「四書五経」のうち、少なくとも四書、すなわち孔子の「**論語**」、初学入徳の門である「**大学**」、最も深遠なる子思の「**中庸**」および「**孟子**」を読むことにより、上記の考えが体系的に理解することができる。

そして、50歳代で現在の会社を立ち上げた。組織に雇われずに自らが独立し働き、稼ぐという選択肢が現実味を持ち、起業するための財政基盤を整えた。

しかしながら、計画的に準備ができたのではなく、会社を立ち上げるという決断の背中を押してくれたのは、健康保険の任意継続がまもなく期限となり、入院中の母に迷惑をかけないためであった。会社設立後20年以上にわたり、現在も経営コンサルティング活動を行っている。

そう、70歳の今も学び続けている。たとえば、ここ10年間、イタリア語を学び続けている。現地に赴き、異なった文化にふれることができるのも人生の楽しみの一つである。スペインを訪問する機会もあり、スペイン語の勉強も始めた。

新しいことを必要に応じて学び続けることによって「人格」を高め、世間を見る目を養い、自らの立場、役割を見失わないようにする。そのためにも、多様なジャンルの「本」を読み、ストーリーを「疑似体験」することにより、精神的にも成長し、人として「深み」をつくり、物事の本質を考え続けている。そうすることで、視野が広がるだけでなく、新たな可能性の機会をつくることにもつながる。

ルネッサンスの芸術家ミケランジェロは、87歳の時に「私は、今でも学び続けている」（伊語Ancora Imparo）と言ったという。かの天才のように、何歳になっても学び続ける向上心のマインドを持ち続けたいものだ。

「行年　六十にして六十化す」（安岡正篤著「人物を創る」より）の言葉のごとく、何歳になってもなっただけ変化し、新たにする。日々充実した生き方を目指すからこそ、元気でイキイキと輝き続けることができるのだ。

そのためにも自らの考えに固執しないで、自分とは異なる多様な価値観を尊重し、考えを受け入れることも必要だ。

デジタル化の時代だからこそ、普遍性のある「教養」（リベラルアーツ）を学び想像力、共感力といった人として求められる素養を身に付けることが求められる。学べば学ぶほど、自らの足らないことに気づき、知的好奇心を広げ、深めることができる。

また、ＶＵＣＡ時代に対応するためには、新しいことを学び続け、社会の変化と共に学んだ知識、価値観を**意識的にアンラーニング（学びほぐす）**し、再び学び直す柔軟性が求められる。

「働き方の変化」に対応するためにも、学び続けることにより、自らの人財としての価値を高め続ける必要があるわけだ。新しい時代への対応である。

たとえば、以下のような対応が必要になる。

（1）AI、IoT、デジタル化により、ビジネスモデルの変革と共に、働き方も大きく変化する

AIが求められる社会では「AI」が人間の持つ能力を広げ、「人」にしかできない倫理観、責任感、想像力や他者に共感する「人間力」がより求められる。

（2）管理職に昇進の場合は、まず「役割責任」の内容・期待する成果を上司と話し合い、明確化し、役職に求められる能力や知識、行動を身につける

管理職は、仕事に関する専門的な知識だけではなく、高い視点から物事を俯瞰的に捉え、視野を広げ、**人間的にも幅を広げること**が求められる。残念なことに、自らを成長させようとするプロアクティブな姿勢ではなく、目先の短期的なことに注力し、現状維持の発想・考え方が多いのが現実である。その結果、自らの強みを引き出し、伸ばすことができずに、キャリアがプラトー（高原）の状態になってしまう。

また、お客様との関係は、きめ細かく対応し申し分ないが、話をしていても直ぐに仕事の話題となってしまい、発想が目先のことに終始し、単線的で人としても「教養」（リベラルアーツ）が浅く面白くない人物と思われてしまう。

マネジメントとして、組織・人を動かすためには、能力に加え、人物としても一回り大きく成長することが求められる。そのためにも、物事を大局的にとらえ、事業目線で考え、仕事の優先順位付けを行うために一歩高い視点から組織の「あるべき姿」を考え、マネジメントを行う必要がある。

（3）マネジメントは、自らの役割責任を自覚し、自らが抱く自尊心、プライドである「矜持《きょうじ》」を持って事業の「使命」を実現することが求められる

また、責任ある立場としてより大きなことを成し遂げるために、経営力を身につけ、事業目線で事業の「あるべき姿」を考える。事業を持続的に成長拡大させるために、何が足りて、何が足らないのかを自問自答し、事業を検証する必要がある。また、経営者の役割として、そのポジションに相応しい役割として、事業を大きく成長させるために「見えなければならない」事業の将来の課題やリスクがきちんと見えているかが問われる。

意思決定を行った経営テーマに対しても、所期の目標を達成するために、立ち止まって事業の問題点を「検証」し、目標の見直しを含め、柔軟に対応する等、最善の注意をはら

うことが、マネジメントの役割責任として期待されている。

なお、得意とする執行業務（オペレーション）に追われすぎると、マネジメントとして本来考えるべき**重要な「経営マター」を見失う**ことになる。

また、人間は慢心し、心に油断を生じてしまうと倫理に背きかねない行動をとってしまうことを意識する必要がある。「謙虚さ」を身につけるためには、自らの価値観、志に従って「判断・行動」しているのかを常に振り返り、人格を向上させ、人間力を高め続ける必要がある。

第15章

人間力の基盤「徳」を考える

1 「人徳」のある人間になる

私たちは、あの人は「人徳」がある、と周囲の人から認められ言われるような人間に成長できれば本望である。この章では、「人格」成長の「第三ステップ」として「徳」を考えることにする。

「徳」とは、自らの命の在り方のみならず他者のかけがえのない「命」を大切にし、尊び、響き合い協力して共同体の価値を共に作る、そうした**生き方の源**となるものだ。

私たち人間は、弱さと賢明さの両方を有しているが、欲望に惹かれるのは人間の弱さであり、虚栄心、利己心の欲望を抑え、人として正しくありたいと思うことができるのは、「ノーブル」（高貴）を意識し、「徳」を有するからである。人の役に立つことを考え、自らを律する自己規制ができることが「徳の本質」なのである。

欲望は、人間の本能であるが、「徳」は、実践、経験を通じて学ぶ必要がある。
（アダム・スミス著『人間の本質』小川仁志訳）

また、現代の社会においては、周囲の人に対し、あまりにも無関心となり、相手の状況を考え、想像力を働かせ、理解する共感力が希薄になっているのかもしれない。今回のコロナによる〝ディスタンス〟という新たな価値観に対応するために、他者に対する配慮、関心を自分事として考えることが必要となった。

「徳」は、人間力の内面的な側面である人格の深さ、品格の高さ、器の大きさおよび行動の結果に基づく信頼の蓄積をつくる基盤である。相手のことを慮り、人の有する「徳性」が、利己的な欲望を自己規律することにつながる。

つまり、人が人間に、人の徳が人徳に、人の望みが人望になり、これらが自他に響き働きかけ、響き合うものなのである。

リーダーは進むべき方向性を示し、目標を設定し、その目標の達成に向けて的確に判断し、成果を出すことが求められるが、人徳のある人は、次のことに力点をおいた行動をとるものだ。そのために、組織を活性化させることができる。

・他者に対する思いやりの心や寛容さ、人としての義務である正義、倫理観の「徳性行動」を心掛ける。

・他者の「命」をかけがえのない大切なものとして捉え、相手の考えを理解し、利他的に行動し、自らの幸せのみならず、その人の幸せを一緒になって喜ぶ。
・自らの行動を振り返り検証し、足りないものは何かに気づき学び続ける。

私たちが、人として生きていく上で大切にしている考え、行動の一つとして、心に持っているものが、こうした「徳」の実践だ。

福沢諭吉は、「学問のすすめ」において、なぜ「徳」が必要なのかを示している。国民の「徳」の水準によって、法律も厳しくなったり、寛容になったりする必要があると言う。人間は、自分で思っているよりも案外悪いことをし、案外愚かなことをするものらしい。また、自分で目指しているよりも案外成功しないものでもある。だからこそ、自らの有様を明らかにして、「能力」と「徳」と「仕事」の棚卸しを定期的にする必要があるのだ。

私たちは、**仕事の先にある人としての生き方**、人としての在り方を自らの課題として、捉え直す必要がある。

2 「徳」は、人として本来持つべき本質

「人間力」を高めるためには、「能力」と「徳」の二つが必要になる。儒学者 呂新吾は、人間の品格として、人には、本質的要素と知性、技能とがあり、本質的要素である「徳性」がなければ人間ではないと言い切っている。

しかし、現在のような知識社会においては、無形の価値である「徳」よりも、経済活動にすぐに役立つ知識、スキルやある物事を洞察し、予測し、問題を解決する有形の「形式知」を重視する傾向にある。

私たちは「徳」をもっと重視すべきだ。なぜならば、「徳」のあるなしが、その人の人間としての信頼性を大きく左右するからだ。人として本来持つべき本質こそが「徳」だ。知識・技能は、時代の変化と共にすぐに変化するものに過ぎない。

「徳」を積むことは、人として生きる目的でもある。論語において孔子は、「子曰く、われ未だ徳を好むこと色を好むが如くする者を見ざるなり」と人間の弱さを語っている。

私たちは、身を持ち心を持って生きている。**自ら身に得て有する価値あるもの、それが**

図11　「徳」とは何か

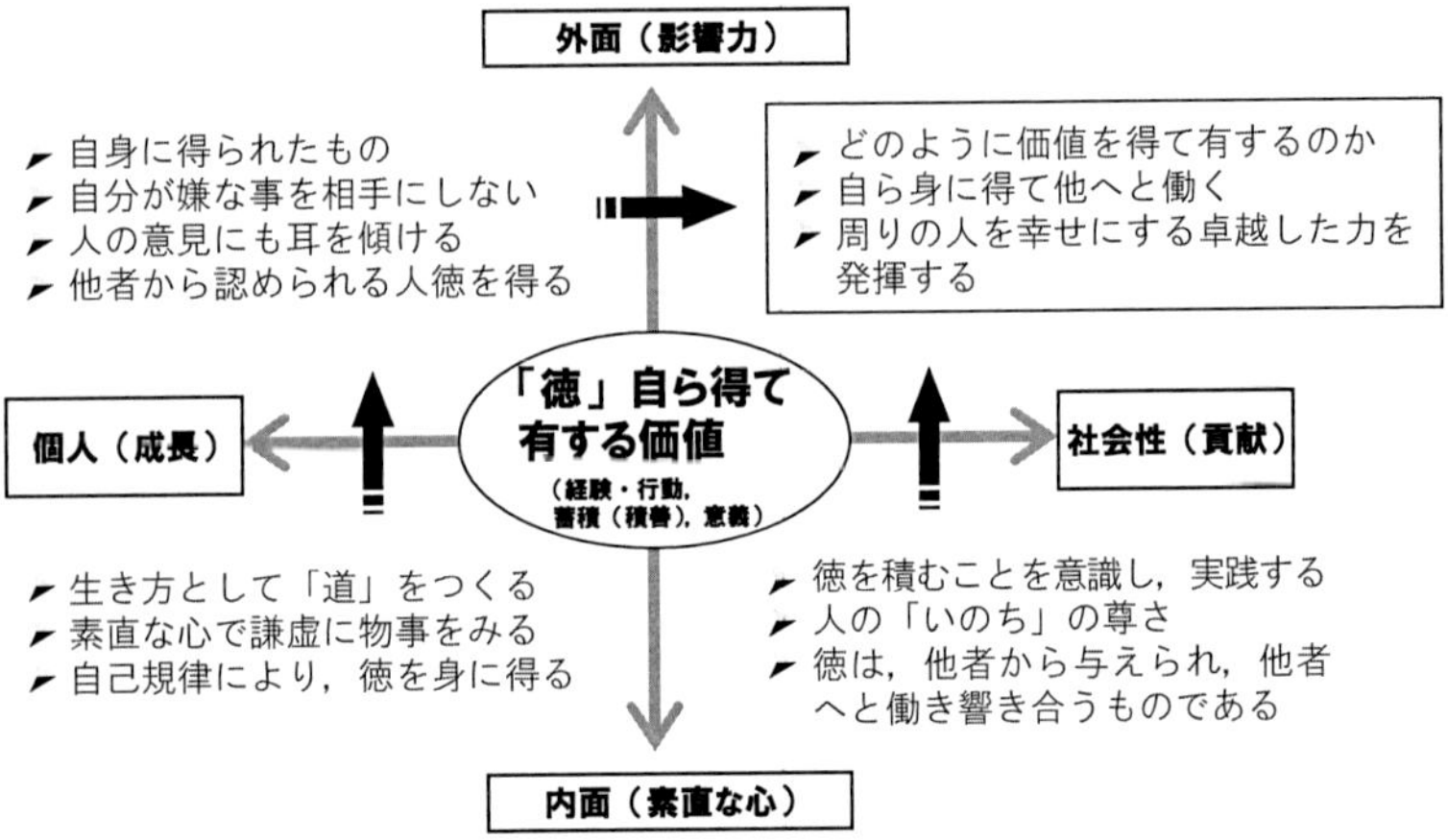
外面（影響力）
自身に得られたもの
自分が嫌な事を相手にしない
人の意見にも耳を傾ける
他者から認められる人徳を得る
どのように価値を得て有するのか
自ら身に得て他へと働く
周りの人を幸せにする卓越した力を発揮する
個人（成長）
「徳」自ら得て有する価値
（経験・行動，蓄積（積善），意義）
社会性（貢献）
生き方として「道」をつくる
素直な心で謙虚に物事をみる
自己規律により，徳を身に得る
徳を積むことを意識し，実践する
人の「いのち」の尊さ
徳は，他者から与えられ，他者へと働き響き合うものである
内面（素直な心）

人の「徳」である。自らを律し、相手の役に立ち、喜ばれることを実践し、「徳」を積む。すなわち「徳」とは、自他や社会に働きかけるとともに、他から働きかけられるものなのだ。

「徳」は、図11「徳」とは何かに示す通り、周囲の人の役に立つことを行うことで、自他に行き来するものだ。「徳」は自身のものだが、他から与えられ、他の人へと働くものである。「人間力」の基盤として一番尊いものである「徳」が、なぜ現代の社会において希薄になってしまったのだろうか。

「徳」は、人として意識すれば誰もが実践できるからこそ、奥が深く難しいのかもしれない。また、周囲の人に対し感謝の気持ちを持ち、共感する。すなわち、相手の立場に立って慮るために想像力を働かせ、関心を持ち、状況を理解しようとする。

「徳」という言葉そのものは、本来何を意味するのかを考えてみることにする。

白川静によれば、象形文字である「徳」、その傍（つくり）は、「直」と「心」であり、その意味は字のごとく、素直でまっすぐな心だ。

外には「人」に得、内には己に得るなりと意味される。

徳に行為を意味する「彳」偏（へん）を付したのは、「外に行動する意」を示すものとして加えられたといわれる（黒住真編著『思想の身体　徳の巻』より）。

「徳」とは正しく（正直）、また、心に得るもので、人が内の己から外へと行動を伴うものと考えられていたのだ。すなわち、人として内面に備えるべき人格、卓越した力《パワー》ということになる。

「論語」の中に「徳」は、延べ十六回記載されているが、徳の中でも最も重要なのは、「仁」であり、誠の徳である忠と信を第一にし、正義により、徳を高める。また、仕事を先にし、利益は後回しにする、徳のある人には、きっと良いことがあると述べている。しかしながら、「徳」とは何かという明確な定義は書かれていない。

孔子とその弟子たちは「徳」の共通認識をそもそも有していたということだろうか。「徳」とは、人が得てもって己のものとしている人倫的な本性あるいは、「力」の優秀性である」(和辻哲郎著『倫理学』より)というわけだ。

「徳」は、自ら得て有するものであれ、他にあるものであれ、自他に働きかけ響きあうものである。徳は、経験し、**学び続け、他者とのかかわりを通じて行動することにより積むことができるのである。**

徳ある人を見たら、その人に並ぶことを目指せ。
徳なき人を見たら、わが身を振り返り、自省せよ。(孔子)

「徳」は、人として人間力を高める内面的成長の重要な要素の人格、品格、器の基盤であり、信頼行動の価値を高める基本となるものである。

「徳」そのものは現代でも、「人徳のある人」「道徳を守る」「徳を積む」「不徳のいたすところ」「悪徳業者」など多くの言葉によって日常的に使われている。

マネジメントにおいても、もちろん「徳」は重要な要素であるが、「徳」を実践しようとするものは、ややもすると組織において孤独であると思われがちだが、そんなことはない。小説家「志賀直哉」が、療養で逗留していた城崎温泉において、その当時の心情を「徳不弧」と書いた色紙が、城崎文芸館に展示されている。それは、「徳は、弧ならず必ず隣あり」（論語里仁）すなわち、徳を有するものは孤立しない、必ず親しい仲間ができるという意味である。

徳は、自ら身に得て有するものだが、他から与えられ、他へ影響を与え、共鳴するものである。

マネジメントが、信念を持って新しい事業に挑戦し、現在の事業のやり方を変革する場合は、確かに周囲がすぐに理解してくれるとは限らないが、時が経てば、必ず賛同する人が現れるという意味である。

「徳」は、自らの「命」の在り方の一つの姿勢である。自己を超えて他者の命に貢献する。他の「命」を自分と違ったかけがえのないものとして大切にしていくところに、力点がある。また「徳」は、人として自らに足りないものは何かを意識し、修養することにより、心に得るものでもある。

「徳」を有する人とそうでない人との違いは、もっぱら心にある。すなわち、徳を治めようとする「直心」、すなわち、人の役に立つように、真心を持って、日々実践を重ねる姿勢を有するかどうかである。

「徳」は、人としての生き方に基づき常に心掛け、実践を積み重ね、鍛えないと、心が変わり消えてしまうものかもしれない。また、「徳」は、ある、なしではなく、人として無意識に、自然体に有するものであり、「徳」そのものを意識、自覚、内省することにより、明徳として感覚で、そして感情で明らかにして行くことが求められる。

また、その人が、「人徳」を有する人物かどうかは、相手が感じるものだ。そうした「徳」とは何かをマネジメントの方々と話し合うと、自ら得て有する価値（図11「徳」とは何か）を表した意見が出てくる。

3　五常の徳の実践

人間に求められる徳目として、「仁」「義」「礼」「智」「信」の五常の徳があるが、これらは自らがもともと内に持っている本性の善であり、それを自覚し、磨くものである。

聖徳太子は、日本で初めて制定された「冠位十二階」において、徳を冠位の最高位に位置づけ、五常の徳とは異なり、「仁・礼・信・義・智」とされた。
聖徳太子は、一四〇〇年前に日本の文化ならではの徳の在り方を考えて制定され、現代の社会を見通され最も重視されたのは、「仁」であり、「礼」であり、「智」は最も下位であった。孔子もまた、人間が持つべき「徳」のうち、最も必要な要素として「仁」を挙げている。「仁」は、相手に対する優しさや思いやりで人に接し対応する、そして相手の立場に立って物事を慮ることができるということを意味する。

「仁」：人に対する、優しさ・思いやりの心とともに厳しさ、大局的な決断を行うこととのバランスが必要である
「礼」：社会生活の基本姿勢、さわやかさ・清潔感とともに、人として豊かな心を養い、相手を敬う必要がある
「信」：「言必ず信」、信頼関係構築の反面、慎重な発言・約束したことへの実行が求められる
「義」：行動の規範、人としての正しい道の軸足と自らの軸足のスタイルを確立すればするほど、柔軟性が求められる

「智」：本質を見極める、洞察力・教養と「智」を内に秘める謙虚さが求められる本来「智」という「徳」の概念であったものが、「智」と「徳」とを区分し、徳に対置させ、「智」優位の社会となった。

一．「仁」とは

・相手の立場に立って物事を考え、行動する。
・心から尽くす（忠）　相手を親身に思いやる（恕）。
・相手の立場になって考えることを恕とする。
・仁は心の徳であり、人の「道」である。

自らが「仁」を求めることにより、実現される。

相手の立場に立って考える。そのためにも、心の余裕と共に人に対する「愛」が求められる。

「仁」は、人が二人並んでいる状態を示している。「仁」の旁の二画は天・地を表し、二画を斜合すれば「人」となる。人字の二画間にあるのはすなわち天地人である。「徳」の中でも一番大切なのは「仁」であり、徳の基本でもある。

マネジメント行動は、人に対する思いやりの心と厳しさの両面が必要である。

二．「礼」とは

・礼にはずれたことを見ず、聞かず、言わず、そしてしないことである。
・人間の共同性・社会性の規範である。
・洗練された作法の「優美さ」により無駄な動きを省くものである。また、立ち居振る舞いに優美さを与える。
・徳は礼の本《もと》なりと、上位の本となっている。

他を思いやる心が「型」として外に現れるものである。

「仁」を形にして表したものが「礼」である。

「己れに克ちて礼に復るを仁と為す」

人間として踏み行う道であり、「禮」すなわち心の豊かさを示している。単なる儀礼・作法だけではなく、人間としての在るべき姿、内面的なものを含んでいる。故に、礼の実践が人の「品格」をつくる。

「礼を知らざれば以て立つこと無きなり」である。

マネジメント行動は、立ち居振る舞い、相手を敬う。

三.「信」とは

・その人の言葉が信用でき、信頼の根拠となる。
・人を信ずることであり、信頼されることである。
・相手に対し、「誠実」に対応する。

「信」は生きていく上での力である。

発する言葉に信（信頼）がなければ、人は信用しない。「信」とは、人と言葉の組み合わされた会意文字（かいいもじ）であり、人間の言葉を信じ、信頼できることであり、「誠実」を重んじることだ。

「人にして信無くんば、其の可なることを知らざるなり」

「誠」という漢字は「言」すなわち言葉と「成」すなわち成し遂げることを意味する。

マネジメント行動は、言必ず信により相手と信頼関係をつくる。

四.「義」とは

・目先の「利」に惑わされない。
・人としての正しい「道」を貫く。
・高い志と責任感に基づき行動する。

自己犠牲の精神を有し、判断行動の軸足がぶれない。

まさに、「人は強くなければ生きていられない。優しくなれなかったら生きている資格はない」ということだ。

「義」は、人としての生き方としての「哲学」「軸足」でもある。

「義」は人の道であり「勇気」は「義」がベースであると言える。

マネジメント行動は、判断行動の軸足および覚悟である。

五．「智」とは

・素直な心で、謙虚に相手の意見を聞く。
・学ぶことを楽しみ、自らを高める。
・「学び」て「思う」（自ら考え、心に問う）。
・理性のある判断力・洞察力・実行力に基づき、状況を的確に読み、判断する。

「智」は「知識」を表しており、知恵である。すなわち矢で「的」を射るように問題の本質を的確にとらえる力だ。

マネジメント行動は、本質を見極める洞察力と「智」を内に秘める謙虚さが求められる。

4 「一日一善」により徳を積む

「徳」を積むとは、どのような行動により実践することができるのかを考えてみよう。

大事なことは、無理をせずに自分に合った「徳」の積み方により、練習を積み重ねるように日々実践することだ。基本は以下のようなものだ。

・相手のことを慮る、想像力、感受性を磨き、相手の状況を理解し、対応する。
・「一日一善」の考えに基づき、一日に一つは良いことを行い、日々積み重ねることを心掛ける。
・相手の状況に基づき、辛抱、我慢をするように自らの感情をコントロールする。
・自らが充実した生き方を行うことにより、幸せを感じ、心に余裕を持って人に接することができる。
・結果として、自らの心と向き合い、心を鍛え、人格を成長させることにつなげる。
・自らが生かされていることに感謝し、楽しみながら徳を積む。すなわち、勇気を持って実践する。
・「徳」を得ることを望むなら、日々善をしなければならない。一善をすると一悪が去る日々善をなせば、日々悪は去る」(内村鑑三著『代表的日本人』より)

大手製薬会社の元代表取締役の水谷賢一氏は、営業部門全体で、「一日一善」の行動を心掛けておられた。たとえば病院の駐車場で落ちているごみを拾う、医院の待合室の読み物、スリッパを整理整頓するなど。そうした行為、一日に一つの善いことを報告することを部員に課した。そうした意識、行動の積み重ねが行動そのものの「質」を高め、自然と顧客に役に立つことは何かを考える習慣が身に着く。そうした、何気ない「陰徳」(良い行い)を推奨されておられた。

最近、私が心掛けているのは、目の不自由な方に「階段やエスカレーターはこちら側ですよ」と恥ずかしがらずに積極的に声掛けを行うことだ。自らのできる範囲で徳を積むことにより、相手の嬉しそうな笑顔で心がすがすがしい気分になり、いい一日を過ごすことができる。

自らの幸せと共に、他の人にも共感を持ち、その人の幸せも考えるようになる。また、徳を積むことを意識することにより、人として卑しいことをしない、相手を不愉快にさせないように自らの感情や行動を律することにもなる。

「徳」は、人としての自らの生き方に基づき心掛け、律しないと、心が変わり、消えてしまうものかもしれない。また、人として自然体で「徳」を積み、身に得ることは、人間として人格を陶冶することにつながると思う。

「徳」は、**日々の実践「行動」の積み重ね**により、修めることができる。そして、自らに足りないことに「気づく」ことが、「徳」そのものであり、「人間力」をつくることになる。

当時、伊藤忠商事の社長であった、丹羽宇一郎氏（元中華人民共和国特命全権大使）は、三名の次期社長候補の中から、小林栄三氏を社長に選任し、バトンタッチするにあたり、社員へのメッセージをホームページに発信している。

「小林栄三氏は、「五常の徳」に加え、人に対する「温かさ」がある。また、人の良い所を見ると共に、組織の絆である「信頼」を重視される。」

小林氏は事業として、ＣＴＣを東証一部に上場され、企業価値を高められたが、「五常の徳」に「温かさ」を付加されると、組織は強い力を発揮し、事業を成長させることができる。

5 「徳」のある人の特徴

・誠実さ、公平さ、他人への思いやりを有し、私心で行動しない。
・人として信頼できる信望のある人柄である。
・一日一善を心掛け、日々徳を積み重ね、自らの個性、価値を高める。

・人に対する共感、思いやりの心を有する。
・「私利私欲」がなく「悪を恥じ憎む」徳性を有する。
・人に譲る、譲り合う。
・物事の道理、筋を尊び、「良し悪し」を見極める。
・良い行いをする能力、人格を有する。
・自らに足りないものは何かを振り返り、努力し続ける。

6 「不徳のいたすところです」を簡単に言ってはいけない

何か問題が起こった時に、経営者、政治家、高校野球の監督までもが、私の「不徳のいたすところです」「世間をおさわがせいたしました」と謝罪の言葉を述べる場面は枚挙にいとまがない。

すなわち、自らの失敗や不都合のために問題を引き起こしたときに、そのことは自らが至らないせいだと遺憾の意を表し「徳」が備わっていないことを告げる、あるいは、人としての「道」に背く場合に、自らの「徳」の足りないことを世間に伝えるというわけだ。

これは、本当に「徳」が足りないと自覚した上での言動なのであろうか？

「徳とは何か」を理解し、自らの人格・品格・行動が十分でなかったと認識しているのか、甚だ疑問な点が多い。不徳のいたすところとは、「九徳」が欠けていたということである。

本来、「不徳のいたすところ」となった時には、ではどのような方法で「徳」を修養し磨こうとするのか。そこが大切だ。九徳を振り返り、徳を切磋琢磨修養しようとする生き方そのものが徳ある行動なのである。

人の上に立つ者は、まず我が身に徳を積んでから他人にも「徳」を求め、我が身の不徳をなくしてから、はじめて他人の不徳を非難することも許されるものだ。

ここで九徳とは、相反する言葉が対になっている、すなわち相矛盾する要素をバランスよく兼ね備えた人物が「徳」のある人である。

7　徳を育てる「九徳」

「貞観政要」という書に、人として身に着けるべき心構えとして、九つの徳が記されている。

九徳は、各々相矛盾する性質であるが、パラドックスの言葉を逆から考えることにより、その意味することがより明瞭になる。マネジメントとして九徳を両立させることができる人間になる。

「寛にして栗（りつ）」ゆったりと寛大だが締りがある（大きい、寛大、厳しい）
「柔にして立」柔和だが自立し、事が処理できる（柔らか、しなやか、成し遂げる）
「愿（げん）にして恭」素直で真面目だが、礼儀正しくつっけんどんでない（誠実、敬う）
「乱にして敬」事を収める能力があるが、敬い慎み深い（整える、尊敬する）
「擾にして毅（き）」おとなしいが、意志が強く決断力がある（素直、決断する）
「直にして温」正直、素直だが、心が温かい（公正、温かい）
「簡にして廉（れん）」細かいことを気にせず、任せる（諫言、人格が高潔）
「剛にして塞（そく）」剛健だが、内容も充実している（強い、満足させる）
「彊（きょう）にして義」豪勇で堂々としているが、義がある（強く、正しい行い）

8 四端説に見る「徳」への道

孟子は、人間に良心という善性が備わっているという考えをベースに、左記の四端説を説き、人として自分に備わった四端を育むようにすることを説いた。

・「あわれみの心」（惻隠）こそ「仁」の端である→人に対する温情・同情・思いやり

・「悪を恥じ憎む心」（羞悪）こそ「義」の端である→不善を恥じ憎む、私利私欲がない
・「譲りあう心」（謙譲）こそ「礼」の端である→人に譲ることにより、自らの心も豊かになる
・「善し悪しを見分ける心」（分別）こそ「智」の端である→物事の道理、筋を持つ
・「人に忍びざる心」は、「徳」への出発点として修養し育てるものだ

おわりに―生き方へのエール―

私たちは今、コロナウィルスの蔓延により、〝**ディスタンス**〟という新たな価値観に対応することが求められている。従来「フェース to フェース」が当たり前であった「コミュニケーション」の在り方にも大きな影響を及ぼしている。

仕事においては、**リモート（テレ）ワーク**や「**Web会議**」が定着し、そのデメリットに目を向けるのではなく、メリットをどのように活かすのかが問われている。今まで、「デジタル化」の問題を先送りして、変われなかった社会・企業・個人も、今回の社会的危機をチャンスとして捉えて**デジタル化**を促進し、意味ある情報を「**データ化**」し、情報価値を高めることに挑戦することが求められている。

リアル（対面）のコミュニケーションにおいては、私たちは常に「五感」を研ぎ澄まし、想像力を働かせ、相手の顔の表情、身振り、声の調子から相手の感情を読み取り、総合的に判断していた。また、想像力を働かせ、目で見えないものを見、聞こえない〝声〟を聞いていたはずだ。マネジメントは、そうした**リアル（対面）コミュニケーション**の価値を再認識し、リアルとリモートのベストミックスを上手く考える必要がある。

なお、デジタル化であっても失ってはならないことは、相手のことを慮る思いやりの心だ。

「人」と「人」がコミュニケーションを通じて、互いの考えを分かち合うためには、コミュニケーションの**「頻度と質」**をどのように工夫するかが問われている。

第4章において、リモート（テレ）ワークを活用した柔軟な働き方と共に、コミュニケーション能力強化のために、三つの推進要因である傾聴力、伝達力および質問力を高め、人間力をどのように発揮するのかが大事だと強調した。

マネジメントとは、「人」を通じて事を成すことであり、役職の肩書、地位に頼るのではなく「人間力」により組織・人に影響を与え成果を出すことだ。組織や共同体においては、「能力」と「人格」の両方を兼ね備えた人物をリーダーとして認めるのが本質なのだ。そのためにも、リーダーには、人間的な魅力、すなわち人望を有することが要件の一つとなる。そして厳しく、難しい局面であればあるほど組織、人に影響力を与え動かす原動力は、マネジメントの有する「人間力」そのものということになる。

そのためには組織のビジョン、マネジメントの思いを周囲の人と共有する言葉の重みが必要になる。すなわち、マネジメントとして何を成し遂げたいのか、なぜそのように考えるのか、仕事の意味を本気で伝えることにより、周囲の人々の心に響き、彼らが自律的に動くことになるわけだ。

予測できない変化が起こる「ニューノーマル」の時代においては、人と人のつながりや**「レジリエンス」**を高める**しなやかさ、スピード**や**復元力**が求められる。

マネジメントは、使命感、責任感を持って組織の運営がスムースに運ぶように、自らが最善を尽くし、熱意をもって仕事を楽しめるように、できる限り否定的な言葉や悲観的な態度をさけ、自分達にできることは何か確かな希望を伝え、取り組むことが肝要だ。

それが故に、「人間力」の基本構成要素である「人格」「品格」「器」を主体的に日々研鑽し、積むことにより本物の人間になることを目指すべきなのだ。

なお、「人格」を高めるためには、どのような人物になりたいのか、**どのような生き方をしたいのか**、どう在りたいのか、将来の自分の「なりたい人物像」の目標に向かって、自分の人生を自分でつくることが必要となる。そのためには、このような人になりたいと思う人をモデルとし、その人の生き方から学ぶことも重要であろう。

尊敬する5名の経営者の方々に影響を受けた「人間力」を有する人物像を、第1章「なぜ人間力は求められるのか」において、具体的に語って頂いた。

自らの信念、軸足がぶれずに、正論を言えるだけの**知識、教養を養う**。また、「経営課題」の原因は現場にあり、**現場から学ぶ姿勢**が大事である。さらに、自らを進歩、成長させるために、**向上心と高い志**を抱き続けることが成功への道である。

人柄が滲み出る知識、教養を兼ね備え、「人」として生きていく上で、守るべきことを大切にし、学び続け、**人格を陶冶させる**。

相手の成長を真剣に考え、**利他の心**を有し、自らの生き方を貫くために、学び続け、「人」として成長の範を垂れる。前述の経営者の方々のお考えは、時代を超えて普遍性と説得力を有している。

また、「知識」を学び、実践する中で知恵に変え、経験値を高めることが必要だ。人的ネットワークづくりに努力し、自らの無形資産として教養を身につけるために、人望のある人の考えから教えを乞うことも有益と言えよう。

「人生百年の時代」であり、人生の各ステージにおいて、どのような生き方をしたいのか、どのように働くのかが大切となる。また、時代に合わなくなった価値観、知識を「アンラーニング」（学びほぐす）し、新しい知識、思考様式を学び、習得するために、**自らに投資**

し、**人財価値を高める**ために、学び直す必要がある。

マネジメントには、その場に相応しい「品格、作法」が求められる。**品格が凛として紛れようもなく現れ出ている。**清潔感と共に丁寧な言葉遣いや立ち居振る舞いを心掛けることも大切である。すなわち「人品骨柄卑《じんぴんこつがらいや》しからずや」が品格には求められるのだ。

また、人間としての「器」を大きくするためには、組織全体を見通し、事業の構想力を鍛えるために、できる限り「視点を高め」、**全社最適に立って**柔軟な発想で、「中長期」に物事を考える習慣により、スケールを大きくすることが肝要である。マネジメントの重要な役割は、先見性をもって事業の状況を的確に判断し、意思決定により成果を出すことだからだ。

また、「ＳＤＧｓ」の考えに基づき、会社の強みを活かして、**社会的な課題**の解決に取り組み、持続可能な社会を実現する責任を担うことも重要である。

マネジメントとして、人間力の発揮が求められるのはどのような事業の局面なのかを、８００名を超えるマネジメントの方々との十年間にわたった討議の内容から人間力発揮の「七つの事例」としてまとめさせていただている。個々の局面においてマネジメントとして「人間力」をどのように発揮すべきなのかのヒントとして具体的な実践行動の参考になれば幸いだ。

「人間力」は、人として信頼されてこそ初めて得られるもの、つまり、信頼を得られたものが持つパワーだ。

人、組織に影響を与え組織を動かす大きな原動力となるのが、経営者の有する「人間力」なのだ。また、部下が上司に期待するのは、人間として信頼できる人物なのである。

そして、**マネジメントの人間力そのものが会社の品格、社格にもつながる。**

また、巻末の「人間力」を高めるチェックリストに基づき、人間としてさらに成長するために心掛けるべき点を絞り込んでほしい。

マネジメントは、「人望」が得られるように努力し、求める必要がある。なぜならば、人望は、その人の有する「人柄」を期待され、この人に重要な仕事を任せても大丈夫と周囲から頼られる頼もしい人物であるという証だからだ。

「人にして、信無くんば、その可なることを知らざるなり」（論語）なのである。信こそが人間を人間たらしめる。人が人の言葉の誠実さを信頼することが価値の源泉を形成することになる。

信頼の基本は、話し合いを通じて、お互いの思い、考えを相互に理解することだろう。

マネジメントは、社内外の人から信頼、尊敬できる人物かどうかを見られ、試され、評価されている。だからこそ、人として何が足らないのかを謙虚に反省し、人間力の幅を広げる努力を惜しまないでほしい。

「経営者としての矜持」、すなわちマネジメントとしての責務を自覚し、自らが抱く自尊心、誇りを持ち、信念に基づき守るべきことを正直、誠実に経営として日々実践することだ。そのためには、ひとえに人間力の発揮が必要と思う。

2018年に上梓してから、さらに研鑽を積み、前回の内容を一歩踏み込み、今回足らない点を大幅に増補改訂させて頂いた。

拙著が、マネジメントの方々の**「人間力」の向上**と「生きる力」に自信を与えることになれば幸いだ。

「人間力」を高めるチェックリストの活用

将来このような人間になりたいと思う「人物像」を目指し、実現するためには、何を伸ばすべきかを「人間力を高めるチェックリスト」を参考にして明確にする。

人間力の自己評価として、内面的側面の人格、品格、器の項目の「強み」および他者との信頼関係に基づく行動の結果としての信頼、人望、利他の「強み」を選択する。最後に自らを律する徳性行動の「強み」を明確にする。

また、他者評価の視点から、このチェックリストに基づき人間力を高める上で「改善すべき点」をご教示頂けるようにする。自らが人間力を高める上で足りない点に気づくようにする。

「人間力」（人格、品格、器）を高めるチェックリスト No.1

「人間力」のある人の特徴

□ 「人生意気に感ず功名誰かまた論ぜん・・・」（唐詩選　魏徴）ことを成し遂げようと生き方に信念を持っている
□ 責務に対する高潔な気概である「ノブレス・オブリージュ」を有する
□ 精神的支柱であるバックボーン、軸足に基づき、判断、行動する
□ 自らの価値観と異なることも受け入れ、清濁併せ呑む
□ 社会、人の役に立つことをする
□ 「私心」にとらわれず、人として卑しい行動を慎む
□ 「素直な心」で謙虚に学び続ける
□ 物事を大局的に考える
□ 「正直」、「誠実」であり、人として信頼できる
□ 相手に対し、思いやりの心で気配りができる

「人格」の優れた人の特徴

□ 自らの生き方により、組織、人に大きな影響力を与える
□ 人格が立派な人物として、周囲の人から尊敬される

□社会、人のために役に立つことを一所懸命に努力する
□物事の本質を見極める「洞察力」を有する
□物事を公正に判断し、行動する
□強い意志と「覚悟」を有し、判断、行動の「軸足」がぶれない
□人として成長するために、素直なこころで学び続ける
□厳しさと優しさの両面を有する
□良き友と付き合い、良い意味でお互いが刺激を受ける

「品格」を有する人の特徴

□風格・気品を備えており、品格がある
□自らを律し、気持ちの赴くままに振る舞うことは慎む
□言葉遣いが丁寧で品性があり、言葉にその人の品格が表れる
□マナー、立ち居振る舞いの動作が美しい
□教養があり、何事に対しても「知的好奇心」を有する
□相手の立場・歴史・文化・慣習、価値観などを理解し尊重する
□相手を包み込む優しさと周囲へのさりげない気遣いができる
□周りに与える印象も考え、身だしなみを整え、清潔である
□〝ありがとう〟と感謝の気持ちを言葉にして伝える
□相手を慮り、自らの気持ちが前に出ないようにする

「器」の大きい人の特徴

□ 人として思慮深く「深み」のある「できた人」である
□ 堂々としていて何事にも動じない「胆力」を有する
□ 相手を許し、受け止める懐が深い
□ 周囲の役割期待を担うことができる「器」を有している
□ 異なる価値観や考えを受け入れる「包容力」を有している
□ 中長期の視点で物事を考える器が大きい
□ 常に俯瞰して物事の本質を見極めて行動する
□ 相手の立場を慮り、困っている人の役に立つ
□ 細かいことを気にせず、高い視点から考え、助言する
□ 我慢強く、忍耐心があり、自らの感情をコントロールする

「人間力」（人望、信頼、利他）を高めるチェックリスト No.2

「人望」の厚い人の特徴

□ 尊敬、信頼の気持ちを相手に抱かせる
□ 人間的な魅力があり、人として近づきたい
□ 人として、考えのスケールが大きい
□ 高い「志」を持って、常に現状に満足せずに、より上を目指す
□ 私心がなく、人の役に立つことをスピード感を持って実行する
□ 「人徳」があり、思いやりを持って行動する
□ 言行一致である
□ 聴き上手で、相談しやすいので、その人に情報が集まりやすい
□ 能力と判断力を有し、的確に物事を決断する
□ 話す内容は、理路整然で無駄がない

「信頼」される人物の特徴

□ 自らの生き方と知性、能力を有し、信頼に足る人物である
□ 私利私欲がなく、正直、誠実である
□ 相手の期待に応え、最善を尽くし、結果を出す

□「言必ず信」であり、人との約束を必ず守る
□言動に裏表なく、相手のことを理解し、正直、親切である
□謙虚な姿勢で、異なった考え、意見にも耳を傾ける
□相手も立ち、自らも立つように考え、行動する
□いざという時に覚悟を持って、率先垂範し行動する
□人として厳しさと優しさの両面を併せ有している
□人として学び続け、日に新たに成長し、変化する

「利他的」に行動する人の特徴

□「情けは人の為ならず」を実践する
□相手の立場に立って物事を考え、行動する
□「私心」にとらわれずに物事を見る
□人として、思いやりと温かいこころを有する
□相手に共感し、「想像力」を働かせ、状況を判断する
□一歩高い視点から人とのつながりを大切にする
□お互いに心を結び合って、譲り合い、助け合い生きる
□周りの人からの助け、支えで生きていることを感謝する
□「信念」に基づく生き方により、「器」が大きい
□責任感、倫理観が強い

No.3 「人間力」（志、学び続ける、徳）を高めるチェックリスト

「志」に生きる人の特徴

□ 使命感と志を一体化させる
□ 何があってもやり抜くという強い意志がある
□ 新しい仕組み・人的ネットワークをつくる
□ 探究心・向上心を有している
□ 「志」を学び続けるマインドの支えにする
□ 目標の実現達成に向けて、粘り強く諦めない
□ 自らを厳しく律する
□ 現状に満足しないで、疑問を持ち続ける
□ 直感・感受性が高い

「学び続ける人」の特徴

□ 人として「問い」を持ち続ける
□ 「向上心」により、自らの限界を超える
□ 知的「好奇心」が旺盛である
□ 自らの足りないことを謙虚に振り返る

□ 自らの考えにとらわれずに柔軟に対応する
□ 「感受性」と「余裕」を持って対応する
□ 多様な価値観・考えを受け入れる
□ 人との「出会い」を大切にする
□ 学ぶ心を養い、良い「習慣」をつくる
□ 相手のことばに謙虚に耳を傾け、学ぶ

「徳」のある人の特徴

□ 誠実さ、公平さ、他人への思いやりを有し、私心で行動しない
□ 人として信頼できる信望のある人柄である
□ 一日一善を心掛け、日々徳を積み重ね、自らの個性、価値を高める
□ 人に対する共感・思いやりの「哀れみの心」を有する
□ 「私利私欲」がなく「悪を恥じ憎む」徳性を有する
□ 人に譲る・譲り合う
□ 物事の道理・筋を尊び、「良し悪し」を見極める
□ 良い行いをする能力・人格を有する
□ 自らに足りないものは何かを振り返り、努力し続ける
□ 人格・品性を研鑽し、自らを修める

参考文献

アダム・スミス著、水田　洋訳『道徳感情論』（上）岩波文庫、２００９年。

阿川弘之著『井上成美』新潮文庫、２０２０年。

アラン・Ｒ・コーエン、デビッド・Ｌ・ブラッドフォード著、髙嶋成豪・髙嶋　薫訳『影響力の法則』税務経協会、２００７年。

アラン著、齋藤慎子訳『アランの幸福論』ディスカヴァー・トゥエンティワン、２０１５年。

石田梅岩著『都鄙問答』岩波文庫、２０１６年。

稲盛和夫著『働き方』三笠書房、２０１５年。

岩田松雄著『「徳」がなければリーダーになれない』ＰＨＰビジネス新書、２０１４年。

上田比呂志著『日本人が知っておきたい心を鍛える習慣』クロスメディア・パブリッシング、２０１３年。

内村鑑三著、鈴木範久訳『代表的日本人』岩波文庫、２００７年。

宇野　収、作山宗久著『「青春」という名の詩』産業能率大学出版部、１９８８年。

小川仁志著『アダム・スミス　人間の本質』ダイヤモンド社、２０１４年。

小田　亮著『利他学』新潮社、２０１１年。

加護野忠男他著『経営者の品格』プレジデント社、２００９年。

加地伸行著『孝経』講談社学術文庫、２００９年。

門脇厚司著『社会力を育てる―新しい学びの構想―』岩波新書、２０１０年。

金谷　治訳注『大学・中庸』岩波書店、２００８年。

金谷　治訳注『論語』岩波書店、２００４年。

川北義則著『「人間的魅力」のつくり方』三笠書房、２０１３年。

黒住　真編著『シリーズ「思想の身体　徳の巻」』春秋社、２００７年。

小林勝人訳注『孟子』（上下）岩波文庫、２００９年。

子安宣邦著『思想史家が読む論語学びの復権』岩波書店、２０１０年。

斎藤　孝著『最強の人生指南書―佐藤一斎「言志四録」を読む―』祥伝社、２０１０年。

佐藤初女著『おむすびの祈り』集英社文庫、２０１１年。

サミュエル・スマイルズ著、竹内　均訳『自助論』三笠書房、２０１３年。

渋沢栄一著『論語と算盤』角川ソフィア文庫、２００８年。

下村　澄、清水榮一著『安岡正篤、中村天風の人望学』プレジデント社、２００７年。

スティーブン・R・コヴィー著『完訳７つの習慣―人格主義の回復―』キングベアー出版、２０１３年。

ダニエルレビンソン著、南　博訳『ライフサイクルの心理学』（上・下）講談社学術文庫、１９９２年。

藤堂昌恒著『覚悟力』ＰＨＰ文庫、２０１５年。

ハンス・ロスリング他著『ファクトフルネス』日経ＢＰ社、２０１９年。

深井智朗著『プロテスタンティズム―宗教改革から現代政治まで―』中公新書、２０１７年。

福澤諭吉著、斎藤　孝訳『学門のすすめ』ちくま新書、２０１０年。

福田和也著『人間の器量』新潮新書、２００９年。

前野隆司著『幸せのメカニズム』講談社現代新書、２０１３年。

枡野俊明著『美しい人をつくる所作の基本』幻冬舎、２０１２年。

松下幸之助著『素直な心になるために』ＰＨＰ文庫、２０１１年。

松原泰道著『一期一会―禅のこころに学ぶ―』ＬＤ文庫、１９８６年。

邑井　操著『人望力―人を引き付ける力とは何か―』ＰＨＰ文庫、１９９３年。

安岡正篤著『呻吟語を読む』致知出版社、２０１０年。

山本七平著『人間集団における「人望の研究」』祥伝社、１９８３年。

芳村思風著『人間の格』致知出版社、２０１１年。

リンダ・グラットン他著『ＬＩＦＥ　ＳＨＩＦＴ　１００年時代の人生戦略』東洋経済新報社、２０１７年。

ロバート・Ｋ・グリーンリーフ著、野津智子訳『サーバントであれ』英治出版、２０１６年。

ローレンス・Ｊ・ピーター他著、渡辺伸也訳『ピーターの法則　創造的無能のすすめ』ダイヤモンド社、２０１２年。

相述哲郎著『人間の学としての倫理学』岩波文庫、２００７年。

《著者紹介》

保田健治（やすだけんじ）

株式会社グローバルマネジメントコンサルティング　代表取締役
神戸大学大学院経営学研究科博士課程前期修了，博士課程後期満期退学
外資系製薬会社組織変革プロジェクトリーダー，人事部門マネジャー，
総合化学会社取締役，監査役を歴任。
大学，大学院の講師，小・中・高の副校長（学園教育改革担当）を歴任。
現在，東証一部，ジャスダック企業の経営顧問，リーダーシップ・マネジメント研修，経営・組織変革，組織開発，次世代マネジメント人材の育成，管理職研修等，経営理論と実践の統合のためのコンサルティング活動，研修を行う。

[主要著書]

『ケースで鍛える人間力リーダーシップ』（ダイヤモンド社）
『上司の強化書』（ソフトバンククリエイティブ）

[連絡先]

株式会社グローバルマネジメントコンサルティング
〒531-0071 大阪市北区中津１丁目18－18 若杉ビル５階
Tel 06-6376-2804　Fax 06-6376-2814
Email : yasuda@globalmgt.co.jp

（検印省略）

2018年５月５日　初版発行
2020年10月20日　増補改訂版発行　　　略称 ― 経営者

経営者の矜持《きょうじ》［増補改訂版］
―人格・品格・器―

著　者　保　田　健　治
発行者　塚　田　尚　寛

発行所　東京都文京区春日２－13－1　株式会社 創成社

電　話　03（3868）3867　　ＦＡＸ　03（5802）6802
出版部　03（3868）3857　　ＦＡＸ　03（5802）6801
http://www.books-sosei.com　振　替　00150-9-191261

定価はカバーに表示してあります。

ISBN978-4-7944-2574-4 C3034
Printed in Japan

組版：スリーエス　印刷・製本：鳴

落丁・乱丁本はお取り替えいたします。